LINA POR ALDO

Afinidades no pensamento dos arquitetos Lina Bo Bardi e Aldo van Eyck

Orgs.
Isabel Diegues
Jorn Konijn

cobogó

BORROMINI
ADOLF LOOS
Back from Utopia

UM DOM SUPERLATIVO

ALDO VAN EYCK

Quer nos aproximemos dele por baixo ou pela Paulista — ao vê-lo de longe, como um núcleo situado sobre o túnel, naquele espaço enorme, ou ao vê-lo enquanto passamos por perto, abrindo-se para o mesmo espaço desde o alto —, o MASP não é apenas mais um belo edifício, mas sim um fenômeno.

Nesse gradiente extremo e com tanta veemência metropolitana circulando a seu redor, a seu lado ou embaixo dele, o que Lina Bo Bardi construiu ali é quase inacreditável, até que o vejamos com os próprios olhos. O que parece impossível adquire realmente uma forma tangível, *concreta*. Um feito espantoso, pois o edifício de fato está e não está ali, *devolvendo à cidade tanto espaço quanto o que retirou dela*. Uma vista impossível, se é que já existiu alguma, ainda mais porque foi destinada a permanecer aberta e não para que se construísse nela. O gesto é de tirar o fôlego, e majestoso também, pois ela não só manteve a cidade aberta nesse ponto espetacular, como também construiu um espaço enorme para o povo. Para o *seu povo*, pois assim é que ela o via.

Mas isso não é tudo, há ainda mais, já que sua generosidade e audácia eram completamente inclusivas. Respondendo ao vasto espaço de baixo, esticando-o literalmente e quase o duplicando, há esse grande interior acomodando um mar miraculoso de pinturas — um espetáculo *caleidoscópico* exemplificando cada item individual e ao mesmo tempo transcendendo o nome do pintor, o período cultural ou estilo.

É sobre esse gesto interior final que eu gostaria de discorrer, já que ele não é sempre prontamente entendido e é, por conseguinte, infelizmente vulnerável. Que nem todo mundo simpatize igualmente com a maneira como as pinturas foram expostas originalmente não é, todavia, surpreendente. A exposição, sendo única, é, em consequência, também anormal. E o que é anormal — nesse caso à revelia, devido a seu caráter único — também é vulnerável no sentido de que corre o risco de ser mudado ou desmantelado completamente, o que seria uma perda inominável. Seja como for, agora o problema tornou-se agudo.

Se fosse visto, no entanto, como aquilo que é — um gesto final completando o outro traço superlativo do edifício, do qual já falei —, não deveria ser mais tão difícil assim chegar a um entendimento do que pode parecer excessivo — até mesmo exorbitante — porque permanece solitário. A questão é que esses dois gestos extraordinários — o exterior e o interior — são interdependentes, pertencem um ao outro, afinados como estão pelo mesmo diapasão mental: *a inflexível* —

simultânea — solidariedade de Lina Bo Bardi com o povo, a arte e a arquitetura.

Num certo sentido — o sentido errado —, pinturas em paredes tendem a ser vistas como janelas para um outro mundo, mas isso nega a realidade tátil de sua superfície pintada, a existência física de algo realmente feito — com tinta e pincel, pincelada após pincelada — *no espaço*.

Uma pintura — cada pintura — constitui sua própria realidade *pintada*, seja lá o que for que retrate. Essa realidade será mais bem descoberta se a pintura for devolvida para onde foi pintada, que é também onde o pintor estava quando a pintou. A verdade sendo que sua essencial bidimensionalidade *não pode respirar integralmente quando fixada — trancada — numa parede*.

Sim, em toda parte as pinturas parecem pertencer às paredes nas quais elas estão de fato *fixadas* — como se tivessem nascido ali. Por certo, um dilema ubíquo. Não estamos mais cientes do fato de que a união imposta é falsa; em desacordo com o que as pinturas são realmente. De fato, o dilema é tão geral que o impacto da solução do MASP surge como um choque no primeiro encontro, contrário a tudo aquilo a que fomos acostumados equivocadamente. Mesmo depois de nos tornarmos familiarizados com ela e de termos assimilado suas vantagens bastante substanciais, o impacto ainda é esmagador; o que é inevitável em meio a tantas grandes pinturas, expostas evocativamente num espaço único. Naturalmente, o caráter único de exposição do MASP torna-o ainda mais *extraordinário*.

Desde o Cubismo começamos a olhar de maneira diferente, a ver as coisas espacialmente, e, por conseguinte, também as pinturas — e as esculturas —, seja qual for o período. Lina Bo Bardi, imbuída como estava da realidade do dia a dia, da história e do espírito da vanguarda do século XX, sabia exatamente o que estava fazendo. Com visão penetrante ela iluminou o antigo conflito pintura *versus* parede, desvendando um dilema infeliz à sua própria e maravilhosa maneira.

É difícil e penoso visualizar todas as inumeráveis pinturas nas inumeráveis paredes em salas, saguões e museus inumeráveis à espera de poder voltar para o espaço onde ainda possam vibrar, respirar, por assim dizer, em ambas as direções — não só afastadas de nós, mas também vindo em nossa direção. Era assim que se fazia no MASP, onde o que era até recentemente *a mais bela exposição do mundo de uma coleção de pinturas e esculturas irá, é o que se espera, ser reinstalada sem concessão*. Qualquer outra solução implicaria divisórias com várias pinturas uma em frente à outra de todos os lados através de vazios — e mais uma vez as pessoas deslocando-se lateralmente de uma pintura a outra. Um pensamento terrível.

Pintadas durante um período relativamente curto — cerca de quinhentos anos — e em uma pequena parte do mundo — a Europa —, as pinturas reunidas no MASP pareciam, devido à maneira como eram expostas, estar agradavelmente afiliadas, transcendendo o período, a cultura ou o gênio individual. É como se todas pertencessem a uma única família complexa — uma que fosse admiravelmente coerente e diversa. Sentir a homogeneidade do que é exposto assim no MASP é muito comovente.

E assim, com o fim das paredes nas quais as pinturas estavam anteriormente condenadas a ser penduradas — por conseguinte, com o fim também da superfície plana, da textura e da cor arbitrária imediatamente atrás e em volta delas —, ficamos com pinturas no espaço em que elas foram originalmente pintadas: sobre um cavalete. Todas elas aqui e agora e todas ao mesmo tempo num conjunto *contemporâneo*. Nós nos tornamos cientes do fato de que a apreciação da arte, assim como sua "história", recebe de novo permissão para mover-se, expandir-se, por meio do confronto espontâneo e da justaposição inesperada, pois é isso que a *simultaneidade* planejada da exposição efetua: a unidade envolvendo uma diversidade além das categorias estabelecidas. Mas também reflete o vigor e o entusiasmo com os quais as pinturas foram adquiridas — trazidas de muito longe.

Contemplamos uma determinada pintura. Nossos olhos estão fixados na *superfície pintada*. Momentaneamente eles se fixam numa outra pintura ali perto e então retornam. Se as pinturas não são contemporâneas, é como se o tempo fosse comprimido. Mas, se sua natureza e qualidades aparecem em contraste extremo, elas podem até se fundir na mente! Nenhuma soma de conhecimento factual específico irá deter a experiência verdadeiramente *caleidoscópica* enquanto passamos de uma pintura a outra, para cima, para baixo e através do espaço de uma ponta a outra. Todas as pinturas devem de novo estar voltadas numa só direção, enquanto a história de cada uma — quem as pintou, quando, onde e o que mais valer a pena ser conhecido — está voltada para a direção oposta. Essa é outra grande ideia, porque não há interferência, visual ou mental, se não as desejamos. As pinturas podem falar por si mesmas, sem rótulos, uma a uma ou todas juntas, sem estarem mais sobrecarregadas pela avaliação estabelecida e pela classificação acadêmica.

Ao olharmos, digamos, Matisse ou *O pobre pescador*, de Gauguin, nosso olhar pode muito bem cair sobre o *São Jerônimo*, de Mantegna, ou então num Lautrec, no autorretrato de Rembrandt ou até mesmo no *Compoteira de peras*, de Léger.

Passear entre as pinturas no MASP é com certeza estimulante para a mente. Mantém nossa apreciação em movimento, e também nosso julgamento, ao eliminar o preconceito, como é desejável.

Evoquemos mentalmente a *Banhista*, de Renoir. Foi, naturalmente, pintada com a moça, o pintor e seu cavalete, todos os três presentes no espaço, e o mesmo aconteceu com sua *Vênus vitoriosa* ou com as dançarinas de Degas quando foram modeladas no barro antes de serem fundidas em bronze. A diferença entre pintura e escultura é considerável, mas não em todos os níveis, eis o que se pode observar no MASP.

Basta imaginarmos Matisse, sua tela numa parede, pintando com o estúdio *atrás dele* — e agora olharmos para a pintura — impensável! Matisse não poderia estar nos mostrando um torso de gesso em cima de uma mesa através de uma janela na parede. O MASP tem um Matisse “real” para nós! E muitas outras pinturas que se tornaram mais reais devido à exposição única de Lina. Quanto a Cézanne, vamos imaginá-lo ao ar livre, imerso no que estava à sua volta, manejando aquela realidade com tinta e pincel na tela. E ele também a fazer uma outra pseudojanela numa parede, abrindo-se para o que jamais esteve ali!

E a *Tentação de Santo Antônio*, de Bosch, bem à nossa frente, como eu a descobri de repente, foi uma sensação espantosa. A fantasmagoria — o inferno se aproximando — com cada detalhe incisivamente delineado —

não está em algum lugar além da superfície, mas ali *nela mesma* — ah, tão real. Se houvesse um Mondrian no MASP como parte da família, ele ficaria maravilhoso em qualquer lugar.

Gostaria de concluir desviando a atenção do leitor por um instante para uma outra obra-prima da arquitetura em outra parte desta cidade, que, como o MASP, combina um espectro semelhante de superlativos: o Sesc Pompeia, e prestar uma homenagem pessoal à mulher que de fato conseguiu realizar — a arquitetura suprema — mais de uma vez em sua vida. Eu tive o extremo prazer de passar uma tarde com Lina Bo Bardi, depois de ter recebido naquela manhã o choque de experimentar o museu pela primeira vez e observar todas aquelas pinturas *povoando* aquele enorme espaço da maneira como ela o concebeu (de ponta a ponta e de um lado a outro) pela primeira e *única vez*. Pois, infelizmente, quando estive novamente ali, já não era mais assim. *Tudo foi eliminado*. Uma visão terrível. Esperemos que apenas momentaneamente.[1] Eu voltarei se tudo for restaurado à maneira original de Lina, incluindo a adorável queda-d'água em volta da estrutura inferior e uma solução mais adequada para a escadaria, que uma vez me arremessou da rua diretamente para a amplitude do interior. *Deixem que o MASP continue a ser uma exceção maravilhosa à regra e à prática erradas.*[2]

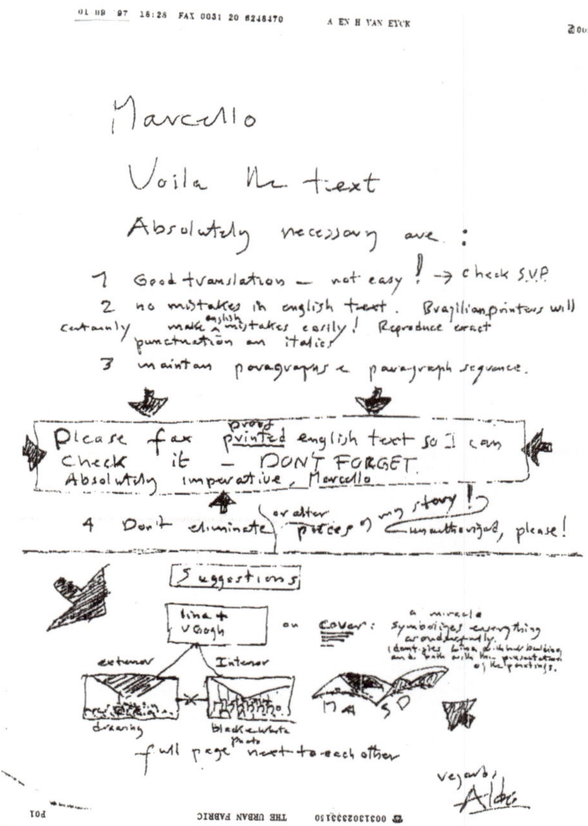

01 09 '97 18:28 FAX 0031 20 6248470 A EN H VAN EYCK 002

Marcello

Voila the text

Absolutely necessary are:

1 Good translation — not easy! → check S.V.P.

2 no mistakes in english text. Brazilian printers will certainly make english mistakes easily! Reproduce exact punctuation an italics

3 maintain paragraphs & paragraph sequence.

Please fax proof printed english text so I can check it — DON'T FORGET. Absolutely imperative, Marcello

4 Don't eliminate or alter pieces of my story! unauthorized, please!

Suggestions

Lina + V Gogh on cover: a miracle symbolizes everything around perfectly.

exterior — drawing — Interior — black & white photo — full page next to each other

MASP

regards, Aldo

[fig. 1]

Fax enviado a Marcelo Ferraz com as orientações “absolutamente necessárias” para tradução e diagramação do texto “Um dom superlativo” no livro *Museu de Arte de São Paulo*.

1
N. da E. Em 2015, o MASP retomou o projeto expositivo original criado por Lina Bo Bardi.

2
Este texto foi escrito a convite de Marcelo Ferraz para que fosse publicado no livro *Museu de Arte de São Paulo*, lançado pela Editorial Blau em 1997.

SUMÁRIO

5. ARQUITETURAS

APRESENTAÇÃO

ISABEL DIEGUES E JORN KONIJN

Foi em uma conversa entre velhos amigos, com Max Risselada, ex-assistente de Aldo van Eyck, e Marcelo Ferraz, ex-assistente de Lina Bo Bardi, que surgiu a ideia de fazer este livro. Muito nos intrigou como Lina e Aldo, dois arquitetos da mesma geração, com ideias tão contundentes e interesses tão convergentes, nunca haviam de fato se relacionado e trocado ideias. Haviam sim se encontrado uma única vez, rapidamente, em São Paulo, o que não nos parecia ter deixado grande impressão em nenhum dos dois. Mas um segundo encontro havia produzido um novo impacto, mudando essa confluência. Isso porque um deles, Van Eyck, ao reencontrar a obra da outra, Bo Bardi, já falecida àquela altura, tomou-se de um apaixonamento que o fez dedicar os últimos anos de sua vida a apresentar, enaltecer, elevá-la à categoria de gênio. E assim aproveitar o reconhecimento e o entusiasmo por ela, para falar do próprio trabalho, de suas próprias ideias, através dela, por aproximação, por identificação, por deslumbramento.

O reencontro de Aldo van Eyck com a obra de Lina Bo Bardi tornou-se, para ele, a chave para reabrir o debate — ou mesmo o embate — contra tudo aquilo que ele acreditava estar destruindo os modos de fazer, pensar, criar a arquitetura. Aldo encontrou em Lina a humanista, a artista, a pesquisadora de modos de criação e construção populares, vernaculares, tradicionais de sociedades não europeias. E chegou a dizer, mais de uma vez, que Lina Bo Bardi estaria entre os três nomes mais importantes da história da arquitetura, junto a Le Corbusier e Frank Lloyd Wright.

O livro *Lina por Aldo* propõe, portanto, refletir sobre a correlação de dois arquitetos que pouco se conheceram e, até onde sabemos, não chegaram a se influenciar ao longo da vida, ainda que soubessem da existência de projetos um do outro. Dois master arquitetos que deixaram suas marcas na história da arquitetura e, por que não, na história da arte e no modo de pensar o papel da arquitetura na sociedade. Construíram obras icônicas e produziram admiradores apaixonados por seus projetos, desenhos, escritos.

Aldo e Lina foram, é claro, fruto de seu tempo, reflexos de um momento histórico em que muitos conceitos e ideias estavam sendo (re)pensados sobre outros modos de viver e realizar, na arte, na cultura, na arquitetura. Eram sujeitos do pós-guerra descobrindo que o mundo não se limitava à Europa, destruída e em busca de reconstrução.

Para nós, não havia propriamente surpresa em vê-los trilhar caminhos, pesquisas, interesses que convergiam. Instigante era pensar o que teria acontecido a eles se o encontro de 1969 tivesse sido mais detido, mais dedicado. Aquele primeiro encontro de Lina e Aldo não havia gerado diálogos ou desdobramentos. Foram precisos quase trinta anos, e a apresentação da primeira exposição sobre a obra de Lina Bo Bardi na Europa, já póstuma, para que o encontro de Lina e Aldo de fato *acontecesse*.

Ao rever a obra de Lina em Londres, na mostra Lina Bo Bardi Arquiteto, em 1994, Aldo tomou para si a tarefa de promover as ideias e a obra da arquiteta ítalo-brasileira, promovendo assim suas próprias ideias com um entusiasmo e uma alegria que há muito não se via no arquiteto holandês. Circulou e conversou com todos os que poderiam ajudar na tarefa. Enfrentando enorme resistência dos grandes museus holandeses, encontrou o interesse e o entusiasmo de Paul Meurs, na Faculdade de Arquitetura de Delft — àquela altura Meurs ainda era aluno e chefe do grêmio universitário Stylos, que recebeu a mostra —, mesma universidade onde o professor Max Risselada, antigo assistente de Aldo nos anos 1960, dava aulas. A partir desses encontros, e da colaboração diligente de Marcelo Ferraz, curador da exposição, fez-se acontecer a mostra Lina Bo Bardi Arquiteto nos Países Baixos.

No tal almoço de velhos amigos, em Paris, muitos anos depois, Max Risselada e Marcelo Ferraz lembravam o episódio e seus desdobramentos, como o documentário produzido pela TV holandesa que levou Aldo van Eyck ao Brasil para visitar as obras de Lina Bo Bardi, no ano seguinte à exposição em Delft. Nessa viagem de 1996, que tinha na comitiva Hannie van Eyck, esposa de Aldo, Paul Meurs, articulador da exposição em Delft e do documentário, Max Risselada, que foi acompanhando o grupo a pedido de Paul para ajudar a gerenciar o controverso Aldo, e Marcelo Ferraz, que seria o anfitrião e guia do grupo no Brasil, Van Eyck não parava quieto. Além do entusiasmo e da alegria incansáveis ao ver e conversar sobre as realizações de Lina, Aldo tirava fotografias de tudo com uma câmera analógica. E foram essas fotos, nunca vistas por ninguém depois da volta da trupe à Holanda, nem mesmo conhecidas pela família ou amigos de Aldo com quem conversamos, que nos fizeram adentrar seus arquivos na casa de Loenen, onde Tess, sua filha, nos recebeu tão gentilmente.

Chegamos sem saber por onde começar. De nós dois, Jorn conhecia bem o acervo por conta de suas pesquisas sobre Aldo van Eyck, Isabel nunca havia estado na casa ou no arquivo. Mas nem Jorn, nem Tess, nem ninguém jamais havia visto as tais fotografias e começamos por fuxicar caixas e caixas de fotos desordenadas e de slides bem guardados por Aldo, mas nunca tocados depois de seu falecimento.

Encontramos! Havia os slides, muitos deles, mas nenhuma anotação ou legenda, fora umas poucas nos slides usados por Aldo em suas muitas conferências sobre Lina. Via-se que ele manipulava aquelas caixas. Separamos tudo que pudemos achar, Tess mais uma vez nos deu a liberdade de adentrar os materiais do nosso jeito e no nosso tempo, alegre com o achado que ela não imaginava existir. Ali começamos, antes mesmo da pandemia, a pensar os caminhos, as trilhas, as rotas que nos levariam ao livro que você lê hoje. Fruto de alguns anos de trabalho, do entusiasmo e da colaboração de pessoas incríveis que nos acompanharam, nos ensinando, tirando dúvidas, nos ajudando a ligar os pontos, nos apresentando a outras pessoas, incríveis como as primeiras.

Para compor o livro seria preciso contextualizar, principalmente, a viagem e as fotografias de Aldo sobre as obras de Lina. As fotografias que seriam o coração do nosso livro. E para isso tivemos a luxuosa participação dos companheiros de viagem Marcelo Ferraz e Paul Meurs, cada um narrando, a seu modo, os percalços para que se chegasse à exibição da exposição na Holanda e depois à viagem coletiva ao Brasil. Os dois ainda nos cederam suas belas fotografias que retratam as estripulias de Aldo van Eyck registrando sua visita ao Brasil. Mas foi Max Risselada, com quem tantas vezes discutimos sobre o tal (re)encontro, que nos iluminou com sua análise sobre os ingredientes que levam à admiração de Aldo por Lina.

Para abrir o livro, seria irresistível começar com as palavras do próprio Van Eyck sobre Bo Bardi, em seu "Um dom superlativo". Com um tom eloquente, a começar pelo título, nesse artigo o arquiteto discorre sobre o talento e a maestria de Lina dizendo que "o MASP não é apenas mais um belo edifício, mas sim um fenômeno". E segue: "O gesto é de tirar o fôlego, e majestoso também, pois ela não só manteve a cidade aberta nesse ponto espetacular, como também construiu um espaço enorme para o povo. Para o *seu povo*, pois assim é que ela o via."

Mas era preciso mais. Queríamos entender o que havia de comum entre Lina e Aldo, que correlações e contrastes poderiam ser pensados. As afinidades que havia entre os dois arquitetos e que eram as motivações da imensa admiração de Aldo por Lina. Convidamos, então, múltiplas vozes, autores, pesquisadores dos nossos dois personagens, que se juntariam a nós para desenvolver, a partir de cinco temas propostos, reflexões que nos dessem a conhecer mais de Lina e de Aldo, de suas ideias e interesses, e nos fornecessem pistas sobre o que haveria de mais revelador nesse encontro. Cada um teria como ponto de partida um dos temas e um dos arquitetos, mas os ensaios seriam livres, podendo tratar de um ou dos dois, e ter a estrutura que melhor acomodasse as ideias a serem compartilhadas.

Com trajetórias tão diversas, Lina e Aldo eram ambos pensadores da arquitetura e das sociedades em que viviam, escreveram intensamente ao longo da vida, além de terem sido editores de revistas sobre arquitetura e cultura. Para pensar os "Escritos e Editados" convidamos a espanhola, pesquisadora em arte e arquitetura, Mara Sánchez Llorens, curadora da exposição Lina Bo Bardi: Tupi or Not Tupi, e o holandês historiador da arquitetura Hans Ibelings, autor de diversos livros, entre eles sua tese de doutorado sobre a revista *Forum*.

A relação de Lina e Aldo com o lúdico e o brincar é uma marca, de modos distintos, nos dois arquitetos. Lina organizou diversas exposições para crianças e Aldo desenhou mais de setecentos playgrounds públicos para a cidade de Amsterdam. Para refletir sobre a "Ludicidade" em Lina convidamos a curadora e pesquisadora brasileira Ligia Nobre, mestre em Teorias da Arquitetura e doutora em Estética e História da Arte; e, em Aldo, a urbanista e cientista política suíça Gabriela Burkhalter, curadora da exposição The Playground Project, que rodou diversos países.

O encontro com outras culturas marcou decisivamente a obra de Lina e Aldo, ela em suas viagens na Itália do pós-guerra e depois pelo Nordeste brasileiro, ele em suas incursões pelo norte da África em busca de universalidades em sociedades tradicionais. Sobre "Viagens e Culturas" que influenciaram nossos arquitetos, escreve sobre Lina a italiana Agnese Codebò, professora e pesquisadora das representações culturais da pobreza urbana da América Latina; e o espanhol Alejandro Campos Uribe, professor e pesquisador, especializado em arquitetura moderna e nas dinâmicas coloniais, que tem as viagens de Aldo como tema de seu doutorado.

Desde o começo de suas carreiras, Lina e Aldo se envolveram com artistas, exposições e movimentos. Além de diretora e curadora de museus, Lina projetou e construiu o MASP e o revolucionário projeto expositivo dos cavaletes de vidro. Aldo colaborou com o grupo CoBrA, nos Países Baixos, e desenhou diversas exposições de arte e arquitetura. Sobre "Arte e Exposições" escrevem a brasileira Isabel Sanchez, arquiteta e pesquisadora sobre abordagens da arquitetura enquanto sistema cultural, que defendeu a tese de mestrado "Diálogos modernos: Lina Bo Bardi e a Caravana Farkas", e o holandês curador de design e arquitetura Jorn Konijn, que tem sua tese de doutorado sobre as exposições de Hannie e Aldo van Eyck, e é também organizador desta publicação.

Como não poderia faltar, por óbvio, desejo e interesse pelas "Arquiteturas" de Lina e Aldo, temos um ensaio de Francesco Perrotta-Bosch, brasileiro, pesquisador e doutor em arquitetura, autor do livro *Lina, uma biografia*, e Marianna Charitonidou, engenheira arquitetônica, urbanista e paisagista grega, autora do livro *Architectural Drawings as Investigating Devices*.

Este livro começa com Marcelo Ferraz, que tem a ideia de reunir as fotos de Aldo em uma publicação e nos presenteia com a tarefa de encontrar os materiais e realizar o projeto a nosso modo. Com Max Risselada, que nos guiou carinhosamente pelo percurso, com Tess van Eyck, que nos abriu a casa e o arquivo de seu pai, com o Instituto Bardi, que nos recebeu amplamente, nas pessoas de Eugenia Gorini, Lorenzo Gemma e Renato Anelli, assim como do querido Francesco Perrotta-Bosch, biógrafo de Lina que elucidou com imensa generosidade as contradições e divergências de informações que encontramos em tantas publicações sobre a arquiteta.

Um livro é feito por muitas mãos. E muitas cabeças, principalmente. Somos gratos por esse coletivo generoso que acolheu nosso projeto, o tornou possível, e o fez livro. Obrigado.

A você que chega agora ao nosso livro, boa leitura, e que as pistas que colhemos e reunimos nesta publicação possam se desdobrar em novas reflexões sobre essas duas figuras fantásticas que são Lina Bo Bardi e Aldo van Eyck.

ALDO ENCONTRA LINA

MARCELO FERRAZ

OUT./NOV. 1994 — LONDRES

Na imponente sede do Royal Institute of British Architects (RIBA) [Instituto Real de Arquitetos Britânicos], em Londres, um senhor que visitava a mostra Lina Bo Bardi Arquiteto, apresentada em sua sala principal, a Florence Hall, corria de painel em painel indo e voltando e, extasiado, comentava em voz alta com sua mulher — mas, principalmente, com ele mesmo — cada surpresa, cada descoberta, cada uau! de perder o fôlego e suspirar profundo. E se perguntava: "Como eu não conhecia tudo isso, [...] estive com ela em 1969 e nunca mais tive notícias. Por onde ela andava todo esse tempo?" E concluía: "Temos que levar esta exposição para a Holanda." Quem nos relata esse momento é Elisabetta Andreolli,[1] que, vendo a agitação e excitação do homem, pensando em quem seria ele, vai até o livro de visitas e vê a assinatura: Aldo van Eyck. Aquele senhor, inconformado por ignorar até então o que via em gozo intelectual e estético, era o famoso e polêmico arquiteto holandês, figura proeminente do grupo Team 10, que agitou o ambiente da arquitetura no fim dos anos 1950 e início dos anos 1960.

Lina havia falecido poucos anos antes, em 1992, sem nunca ter publicado um livro com suas obras ou exposto seu trabalho de forma sistematizada, com a exceção de uma exposição realizada no Salão Caramelo da Faculdade de Arquitetura e Urbanismo da USP (FAUUSP), em 1989, que durou apenas cinco dias — ou seja, nada.[2] Lina queria trabalhar e realizar, edificar, fazer arquitetura para servir "ao outro" e não perder seu precioso tempo com publicidade ou promoção de seu trabalho. "Vocês, os pósteros, que façam os livros depois de minha morte. Afinal...", continuava, "...estamos fazendo o projeto mais importante da vida, não é?" O projeto mais importante da vida era sempre o da vez, aquele que estava na prancheta. Comentário natural para quem tem o foco no presente — e no futuro — sem nostalgia do que já passou.

1969 — SÃO PAULO

Na volta do 10º Congresso Mundial de Arquitetura que acabara de acontecer em Buenos Aires, Aldo van Eyck, convidado pelo colega Joaquim Guedes, fez escala de alguns dias em São Paulo para conhecer a cidade e um pouco de sua arquitetura. Na ocasião, a pedido de Guedes, Lina organizou um almoço em sua casa, no bairro do Morumbi (hoje conhecida como Casa de Vidro), para o ilustre convidado. Com o passar do tempo e o desaparecimento desses personagens principais, não conseguimos identificar outros participantes desse encontro que pudessem nos contar um pouco mais, além do que ouvimos diretamente de Lina e Aldo. Aquele foi o único encontro pessoal dos dois e parece que memorável para ambos, por diferentes registros, como nos revelaram em alguns depoimentos ou conversas muito tempo depois.

Do encontro, Lina ficara com a memória do arquiteto rebelde que continuava lutando contra o *status quo* da arquitetura oficial, aquela que dominava os congressos e, de certo modo, referendava a destruição em curso de cidades mundo afora, travestida de renovação e progresso. Não podemos esquecer que a década de 1970 foi um dos piores períodos para as cidades ou o apogeu do internacionalismo arquitetônico que impulsionava uma "receita" única de arquitetura para qualquer parte do planeta.

Quando digo que Aldo continuava lutando é porque carregava em sua bagagem a responsabilidade (junto ao grupo de que fazia parte, Team 10) por ter detonado e ajudado a enterrar os famosos Congressos Internacionais de Arquitetura Moderna (Ciams) no encontro de Otterlo, na Holanda, em 1959, condenando os princípios simplificadores da Carta de Atenas, reivindicando uma "nova arquitetura" com dimensão mais cultural, que pudesse reunir o antigo com o novo, mas sem o revivalismo histórico. É interessante notar que esse mesmo revivalismo anos mais tarde acabou desembocando no movimento pós-moderno na arquitetura, combatido fortemente tanto por Lina quando por Aldo, como veremos mais adiante.

Aldo van Eyck, desse encontro no Morumbi, nos revelou, anos depois em nossos encontros em Amsterdam, em 1995, que ficara impressionado com a recepção de

Lina, pelo seu refinado despojamento naquela casa moderna e cheia de objetos e obras de arte de diferentes épocas, livros, revistas por todo lado. E que nunca se esqueceu do maravilhoso almoço, antecedido por batida de limão com pinga, servido em lindos pratos com camarões enormes afogados em gelatina de mocotó. Almoço também regado a muita conversa acalorada sobre arquitetura. Mas Aldo se impressionara principalmente com a postura provocativa e crítica de Lina quanto aos rumos que a Europa tomava, não só na arquitetura, mas também na política, fazendo "renascer os velhos fantasmas do fascismo". Lina se sentia fora desse circuito, era brasileira por opção havia 16 anos e desdenhava do Velho Mundo mofado e anacrônico que havia abandonado voluntariamente. Lina sabia provocar como ninguém, com charme e sedução. Essa foi a tônica de seu discurso até sua morte, em 1992.

1995 — AMSTERDAM

Aldo van Eyck nos recebe em sua casa para tratar da possível ida da mostra Lina Bo Bardi Arquiteto para a Holanda. Nesse momento, as tratativas avançadas que nós, do Instituto Bardi, vínhamos mantendo com a Beurs van Berlage, para a apresentação da exposição no grande salão nobre do prédio, acabavam de ir por água abaixo. Uma mostra blockbuster de Salvador Dalí, sucesso garantido de público, entrou na agenda, nos atropelando.

Aldo, revoltado com o nosso relato do fracasso em Amsterdam, sugere a Universidade de Delft e se dispõe a ajudar, inclusive apresentando Lina e sua obra numa aula magna de abertura da mostra. E assim foi.

Nossa ligação com a universidade foi por intermédio dos estudantes do grêmio universitário Stylos. Os amigos Max Risselada, professor da Faculdade de Arquitetura, que havia sido colaborador de Aldo nos anos 1960 — muito ligado e querido dos estudantes do Stylos —, e Paul Meurs, arquiteto e agitador cultural que havia morado no Brasil, foram figuras cruciais para esse acontecimento. Viabilizaram a exposição, o lançamento do livro *Lina Bo Bardi* (1993) e do documentário em uma batalha um tanto *underground*. Sim, os recursos financeiros eram mínimos, o trabalho dos estudantes era voluntário, quem recebia a exposição oficialmente era o grêmio Stylos e não a direção da escola. Para completar esse ambiente contracultural, Aldo marcava sua volta magistral à faculdade com Lina na bagagem, depois de quase vinte anos afastado por brigas e desacordos que aqui não vêm ao caso.

SET. 1995 — DELFT

Municiado por Lina e sua obra, Aldo fez as pazes com a escola, mas começa — ou continua — uma nova guerra. Apresentava Lina como um antídoto aos arquitetos estrelados (conhecidos por *star system*) e à arquitetura praticada por eles naquele momento. Era o apogeu da arquitetura do espetáculo, que, com seus malabarismos, por mais de uma década dominava a mídia, fascinando jovens arquitetos e estudantes. Aldo não deixa por menos e, em sua aula, acusa vários desses arquitetos — citados pelas iniciais dos respectivos nomes — de irresponsáveis, de serem guiados pela vaidade, criando simulacros e tirando a arquitetura de seus fundamentos de prover a morada, a cidade como palco de encontros, para produzi-la como imagem de dominação e poder de poucos. Defendia que todo o esforço do movimento moderno da arquitetura do entreguerras, principalmente na Europa, de colocar a construção da habitação do homem — operário, urbano — no centro das atenções havia sido em vão. Esse movimento da arquitetura show celebrava a morte daquele ideário.

ABR. 1996 — SÃO PAULO

Com o relativo sucesso da exposição em Delft, Paul Meurs resolveu investir ainda mais no "encontro" Lina e Aldo e propôs para o canal de televisão holandês VPRO a produção de um documentário a ser filmado no Brasil, com a presença de Van Eyck apresentando as obras de Lina em São Paulo e na Bahia. Aldo topou a empreitada e a viagem, nada confortável para um homem de sua idade.

Além da produção normal para a realização de um filme, um esquema é montado para aparar arestas e conter impulsos inesperados de Aldo, como a possível desistência de seu fundamental papel no meio da viagem. De certa forma, estávamos pisando em ovos. Na comitiva holandesa, além da equipe da TV, acompanhavam Aldo sua esposa, Hannie van Eyck, Max Risselada, Paul Meurs e sua esposa, Patrícia.

Aldo foi recebido para um almoço na Casa de Vidro — naquele momento, já sede do Instituto Bardi —, regado a batida de limão e uma deliciosa feijoada do Bolinha. Foi também o reencontro com o velho amigo Joaquim Guedes, que o apresentara a Lina havia mais de vinte anos. Aldo, elétrico e excitado, estava mais interessado na casa e no que ela continha do que nas pessoas. Parecia procurar o espírito de Lina em cada canto. Com sua Canon pendurada no pescoço, fotografava tudo. Detalhes da arquitetura da casa, pequenos objetos, obras de arte, o que passava pela frente. E, claro, se armava com a energia de Lina para os dias seguintes nas visitas ao Sesc Pompeia e ao Museu de Arte de São Paulo (MASP).

SESC POMPEIA

O entusiasmo e a emoção de Aldo na visita ao Sesc Pompeia não foi diferente das outras, só aumentou. A locação escolhida para a gravação de seu depoimento para o documentário holandês foi o deck/solarium, ou, como também é conhecido, a "praia dos paulistanos" dos dias quentes de verão. Aldo fotografava tudo, chegou a subir por uma escada de marinheiro até a laje da torre de ar-condicionado em busca do melhor ângulo das passarelas do bloco esportivo. Com a cena da "praia" lotada, em uma arquitetura surpreendente, sofisticada e simples, Aldo exclamava: "Ufa!", "Como é possível?", "*Terrific!*".

O momento mais tocante, nesse dia, foi a visita aos ateliês de artes manuais, construídos com paredes em blocos de concreto para diferenciá-las das paredes de tijolos originais da antiga fábrica. Acompanhei Aldo até lá e lhe contei que Lina se referia àquelas paredes como uma "homenagem a Aldo van Eyck", citação repetida em várias oportunidades pela própria. Uma decisão de projeto referenciada em seu Pavilhão Sonsbeek (1965-66), admirado por Lina quando da construção e largamente publicado nas revistas de arquitetura internacionais. Aldo se emociona e lamenta não ter estado com Lina mais do que na rápida viagem a São Paulo em 1969. Mas comemora a sintonia entre os dois.

MUSEU DE ARTE DE SÃO PAULO

Com a FAUUSP, organizamos uma aula magna de Aldo no auditório do MASP no dia seguinte. Uma palestra em que a primeira parte era sobre Lina, em tom de homenagem e descoberta (mostrando slides) de aspectos de sua obra; a segunda sobre seu próprio trabalho e obras. Um auditório lotado por arquitetos e estudantes ouviu sua contundente crítica à iminente retirada dos cavaletes de vidro e ao desmanche em curso da museografia de Lina e Pietro Maria da pinacoteca do MASP.

1996 — SALVADOR

A caravana de filmagem segue para a Bahia, segunda e última parada. A Bahia, diga-se de passagem, provoca uma explosão de sentidos no estrangeiro recém-chegado. O complexo do Solar do Unhão deixa todos estupefatos pelo encontro da arquitetura colonial com a mais moderna intervenção arquitetônica, representada pela magnífica escada de madeira projetada por Lina para o solar.

O passeio de Aldo pela escada, subindo e descendo, comentando cada visada do espaço, cada passo e possibilidade de subir e descer, parando e sentando-se nos degraus, apalpando a madeira, faz dessa performance a melhor aula — jamais dada — sobre essa tão cantada e louvada obra-prima. Este é também o ponto alto do documentário feito pela VPRO. Uma espécie de síntese do que Aldo via em Lina, que eu arriscaria chamar de “liberdade de criação”, algo muito difícil e caro de se conseguir.

Como não poderia ser diferente, a visita à Ladeira da Misericórdia, recém-acabada e já destruída,[3] é a visita às vísceras de um Brasil que insiste em não dar certo. Não o Brasil do Sesc Pompeia, do MASP ou do Solar do Unhão. Ali, na Misericórdia, era a miséria e a "miséria moral", termo utilizado por Lina seguidamente, que imputava a culpa aos dirigentes políticos, aos poderosos e à elite brasileira. O conjunto havia sido invadido por um grupo de pessoas sem-teto que, além de fazer dali uma morada, fez uma verdadeira limpa, vendendo janelas, vasos e metais sanitários, lâmpadas e fios elétricos, mobiliário etc.

As filmagens chegavam em um momento estratégico para documentar a cena local (tipicamente brasileira), colocando Aldo diante de uma realidade um tanto difícil para ele, realidade que, para Lina, dava o xeque-mate na função e no papel da arquitetura nas sociedades pobres, nos países periféricos. Longe da velha Europa, dos esquemas matemáticos e modelos estruturais de pensar a arquitetura, longe das lutas de poder entre grupos de arquitetos, Aldo se encontra, como em uma vertigem, com a mais crua realidade que apela com urgência por uma arquitetura de morar, pelo abrigo digno e para todos. Naquele momento, Aldo encontra Lina.

1
Elisabetta Andreolli, amiga e entusiasta da obra de Lina, foi quem conseguiu viabilizar a exposição no RIBA e dividiu comigo a montagem e as responsabilidades, como comissária da apresentação londrina da mostra Lina Bo Bardi Arquiteto. Realizada pelo Instituto Bardi, essa mostra foi apresentada em 46 cidades das Américas, da Europa e da Ásia, de 1993 a 2006. Continha muitas peças de mobiliário, maquetes, fotografias e mais de trezentos desenhos originais de Lina.

2
Arquitetura e… Tudo era o título da primeira exposição sobre a obra de Lina, que serviu como base para a grande mostra Lina Bo Bardi Arquiteto.

3
"Aqui tudo parece construção, mas já é ruína" é o verso de Caetano Veloso muito bem lembrado por Marcelo Suzuki no documentário realizado para a TV VPRO, holandesa.

claire
5ANOS
GELO
GELO POLAR
tel: 842-0668

COMO LINA VEIO À HOLANDA E ALDO FOI AO BRASIL

PAUL MEURS

Lina Bo Bardi e Aldo van Eyck se conheceram em 1969, em São Paulo. Aldo estava de passagem, vindo da Argentina, e almoçou na Casa de Vidro. Lina o aconselhou a ficar mais tempo e ir à Bahia, mas ele voou de volta a Amsterdam. Quando, em 1996, Aldo foi convidado a viajar a São Paulo e Salvador para um documentário sobre Lina Bo Bardi, ficou imediatamente entusiasmado. Assim ele poderia visitar a obra de Lina e, depois de todos aqueles anos, seguir seu conselho e ir à Bahia. Essa viagem aconteceu em abril de 1996. Eu passei quase duas semanas viajando com Aldo e Hannie van Eyck, primeiro uma semana filmando e depois alguns dias livres na Bahia. Este ensaio descreve como a exposição sobre Lina Bo Bardi chegou à Holanda, em 1995, e como o documentário sobre Aldo e Lina surgiu um ano depois. É um relato pessoal que começa descrevendo como me envolvi por acaso nessa história.

ESTUDOS NO BRASIL

Nos anos 1980, estudei Arquitetura e Restauro em Delft. Para meu trabalho de conclusão de curso, eu buscava um projeto que reunisse a conservação de monumentos históricos e questões sociais. Por intermédio de uma ou outra pessoa, cheguei a Salvador, um patrimônio mundial com igrejas magníficas em um mar de casas em ruínas. Por trás das fachadas desmoronadas e lacradas com tijolos, havia surgido uma favela no centro da cidade. Salvador é chamada de a Roma Negra, devido à grande influência africana, que tem relação direta com as plantações de cana-de-açúcar do período colonial, em que o trabalho era feito por uma população escravizada originária da África. A alma africana da Bahia está presente na religião, na música, na dança, na comida, na língua e na arte. Morei por meses em Salvador e pesquisei um quarteirão totalmente em ruínas. Ao retornar à Holanda, fiz o projeto de restauração para esse quarteirão.

Assim que me formei, eu só queria uma coisa: voltar! Uma bolsa de iniciação do FondsBKVB [Fundo para Artes Visuais, Design e Arquitetura] me deu essa oportunidade. Três anos depois, eu também receberia outra generosa bolsa desse mesmo fundo para me aprofundar na relação entre a arquitetura moderna e a conservação de monumentos no Brasil. Assim pude viajar durante anos. O prof. Nestor Goulart Reis Filho me convidou para trabalhar na Universidade de São Paulo (USP). Ele pesquisava as ruínas de um engenho de açúcar do século XVI em São Vicente e queria que eu decifrasse todo tipo de documentos antigos holandeses e colaborasse em um projeto.[1] Morei no *campus* da USP entre 1990-91 e me envolvi no cenário brasileiro de arquitetura e conservação de monumentos. Essas bolsas me levaram a escrever uma série de artigos sobre o Brasil nas revistas especializadas holandesas *De Architect* e *Archis*.[2] A partir daí surgiram projetos complementares: viagens de estudo, documentários, *workshops* e intercâmbios.

No Brasil, comecei a olhar de maneira diferente para a profissão que eu tinha aprendido na Holanda. Nas cidades históricas "autênticas" da Europa, perfeitamente restauradas, os moradores originais e as suas tradições já tinham desaparecido havia muito, em parte devido ao turismo e ao simples fato de as restaurações serem muito caras e afastarem a "população local". Em comparação com a Europa, os brasileiros atribuíam mais importância à estrutura social e ao patrimônio imaterial das cidades históricas — ou seja, às pessoas, suas tradições, histórias e costumes. Em uma palestra, o professor argentino Ramón Gutiérrez chegou a fazer uma forte campanha contra o "eurocentrismo" na área de conservação de monumentos e na UNESCO, que com seu foco na "autenticidade material", afugentava a alma e a vida das cidades históricas.

Pode-se compreender nesse contexto o trabalho de arquitetos como Lúcio Costa (1902-98) e Lina Bo Bardi (1914-92) — que, cada um à sua maneira, priorizaram a poesia de cada lugar e a deixavam que falasse à imaginação. Dessa forma, deram aos monumentos um espaço na cidade do futuro e, com suas intervenções, transformaram edifícios antigos comuns em lugares sublimes. Encontrei-me com Lúcio Costa diversas vezes em sua casa no Rio de Janeiro.

PROPONDO LINA

No início da década de 1990, Lina Bo Bardi realizou belíssimos projetos de restauração em Salvador com os jovens arquitetos Marcelo Ferraz e Marcelo Suzuki: Casa do Benin, Ladeira da Misericórdia, Teatro Gregório de Mattos e Casa do Olodum — esta última, aliás, no mesmo quarteirão sobre o qual fiz meu trabalho de conclusão de curso. Lina não via as ruínas de Salvador como monumentos da arquitetura portuguesa, mas como o berço da sociedade brasileira. Para ela, as árvores que cresciam nas ruínas pertenciam àquele lugar tanto quanto os escombros das paredes seculares. Ali projetou, com o arquiteto-construtor João Filgueiras Lima ("Lelé", 1932-2014), uma nova construção em concreto que percorria os edifícios como uma fita sinuosa. Planejei publicar algo a respeito na Holanda e cheguei a Marcelo Ferraz, que trabalhava com Lina havia vários anos e queria me colocar em contato com ela. Mas Lina já estava muito doente e o encontro acabou não acontecendo.

Lina e o marido, Pietro, fundaram em 1990 o Instituto Lina Bo e Pietro Maria Bardi para propagar suas ideias artísticas. Em 1991, Marcelo Ferraz tornou-se diretor da instituição. Somente após a morte de Lina o instituto começou a desenvolver atividades culturais, entre elas a produção de uma grande exposição, além de um extenso livro sobre a vida e a obra de Lina. A exposição, organizada por Marcelo, continha desenhos e objetos originais e fez uma turnê mundial que duraria anos. Marcelo me pediu que o ajudasse a levar a exposição para a Holanda. Ele pôde vir ao país por alguns dias e saímos à procura de um local. O Instituto Holandês de Arquitetura (NAI) nos parecia o lugar mais óbvio. O edifício em Roterdam tinha sido inaugurado em 1993 e contava com amplas salas de exposição. A princípio, Lina era bem-vinda ali, mas infelizmente todas as salas já estavam programadas para os próximos cinco anos. A exposição não viajaria por tanto tempo.

Tivemos apenas que atravessar o Parque dos Museus em Roterdam para chegar ao nosso segundo compromisso, no Kunsthal. Esse edifício, projetado por Rem Koolhaas e em uso desde 1992, pode abrigar cinco grandes exposições simultaneamente. Fomos recebidos por Wim Pijbes, curador freelancer que mais tarde se tornaria diretor do Kunsthal (2000-08) e do Rijksmuseum de Amsterdam (2008-16). Pijbes logo fechou as portas. Segundo ele, exposições de arquitetura não funcionavam e quase não atraíam público.

A terceira opção era a Beurs van Berlage, no centro de Amsterdam. O curador Jeroen Schilt estava entusiasmado. Convenceu o diretor, Guus Bakker, e chegamos a um acordo. Na época, a Holanda tinha uma política ativa para a arquitetura. Havia, por exemplo, o Fundo de Fomento à Arquitetura ao qual podiam ser solicitadas subvenções para projetos, publicações e eventos. A Beurs van Berlage solicitou um subsídio de 35 mil florins para fechar o orçamento de 150 mil florins.[3] O fundo deixava a avaliação do conteúdo nas mãos de uma comissão consultiva independente que incluía importantes arquitetos e especialistas.

O então diretor do fundo, Noud de Vreeze, ainda se lembra de como o pedido foi tratado. O prof. Henco Bekkering era o presidente da comissão e responsável final pelos pareceres. Durante a reunião, Erick van Egeraat, então sócio do escritório de arquitetura Mecanoo, falou: "Quem é essa Lina Bo Bardi e que papel uma brasileira desconhecida e de idade avançada pode desempenhar na cena arquitetônica holandesa?”[4] Foi dado o tom e não houve mais discussão. A Beurs van Berlage recebeu a recusa: “Embora em princípio interessante, a comissão consultiva não acredita que mostrar o trabalho de Bo Bardi possa proporcionar, por si só, impulso suficiente para introduzir novas ideias, procedimentos ou métodos de trabalho que possam ser considerados de importância significativa para a prática profissional e para a cena atual de arquitetura e urbanismo na Holanda. A comissão consultiva aconselha por unanimidade que a direção recuse o pedido, por não ter sido suficientemente demonstrado que esse projeto seja importante para o interesse e a compreensão da arquitetura e do urbanismo contemporâneos na Holanda.”[5] Esse foi o motivo para a Beurs van Berlage desistir da exposição e programar uma alternativa mais atraente comercialmente com reproduções de Picasso.[6] Nesse meio-tempo, Aldo van Eyck tinha visitado a exposição de Lina Bo Bardi no Royal Institute of British Architects (RIBA) [Instituto Real de Arquitetos Britânicos], em Londres. Estava acompanhado da filha Tess, que morava em Londres, e chegou a voltar mais uma vez sozinho. Aldo ficou comovido e admirado, particularmente com as obras tardias e a filosofia de Lina, e como aquilo ecoava em seu próprio trabalho. Se reconheceu principalmente nos muitos esboços do cotidiano. Durante a segunda visita, provavelmente, Aldo teve a ideia de, por meio do trabalho dela, mostrar tudo o que ele achava que havia de errado com a arquitetura na Holanda e na Europa.[7] Quando ficou sabendo que a exposição não seria levada a nenhum museu da Holanda, ficou furioso. Para ele, isso era mais uma prova do quanto as coisas iam mal com a arquitetura holandesa.

A única opção que restava para mostrar o trabalho de Lina na Holanda era, de acordo com Aldo van Eyck, agir fora da ordem estabelecida e levar a exposição como "contrabando" para os estudantes da Faculdade de Arquitetura de Delft — como um sinal de esperança para a próxima geração. Esse plano foi implementado com recursos mínimos, graças à generosidade do Instituto Lina Bo e Pietro Maria Bardi, que cobrou apenas as despesas. Os estudantes foram apoiados por Max Risselada (1939), professor da faculdade e ex-assistente de Aldo, que tinha grande reputação na montagem de exposições. Para Max, aquele foi, depois de muitos anos, um novo encontro com o Brasil, país no qual sua esposa, Jenneken, havia nascido e crescido.

Na abertura da exposição, em 8 de setembro de 1995, Aldo falou em termos muito negativos sobre a cena arquitetônica holandesa, sobre o Fundo de Fomento à Arquitetura e em particular sobre o OMA de "Rem K.".[8] Segundo ele, Lina Bo Bardi demonstrava que havia uma alternativa à "grandiosidade" arquitetônica, mas a elite da arquitetura da Holanda não queria saber. Vários veículos de imprensa reproduziram suas críticas. Hilde de Haan e Ids Haagsma, por exemplo, descreveram a exposição sobre Lina Bo Bardi no jornal *De Volkskrant* como "uma das mais belas e educativas exposições sobre arquitetura", que se dependesse do *establishment* arquitetônico holandês teríamos perdido, "ainda que a relutância dos especialistas holandeses fosse esperada". O artigo concluía que uma lição importante para a Holanda poderia ser tirada do trabalho de Lina Bo Bardi: "A arquitetura não se trata de uma fina camada de 'beleza' passageira como todas as modas, mas, sim, da criação de soluções sustentáveis e poéticas para problemas práticos; soluções que têm raízes no local onde são feitas e que geram liberdade de utilização dos espaços."[9]

O próprio Aldo van Eyck declarou ao jornal *Trouw*: "Trata-se do trabalho de uma arquiteta fenomenal. Na minha opinião, a exposição foi um acontecimento importante, um manifesto muito comovente." O crítico Robbert Roos escreveu que a exposição tinha um caráter educativo, como no auge dos anos 1970: "Desenhos e fotos organizados de maneira temática em painéis, apresentados por textos de teor filosófico e complementados por maquetes e móveis. A exposição é sobre a atitude e a mentalidade da arquiteta, sobre o espírito de sua obra, não sobre os projetos em si." Na ambição de Lina de trazer o foco para as pessoas e de colocar as pessoas em contato umas com as outras por meio da arquitetura, Roos viu uma semelhança com o movimento holandês Forum, de arquitetos como Aldo van Eyck, Herman Hertzberger e Theo Bosch.[10]

FILMANDO COM ALDO

Convidamos os diretores holandeses da companhia aérea brasileira Varig e da agência de turismo Bahiatursa para a inauguração da exposição em Delft. Eu os conhecia bem pois, naquela época, meu escritório era praticamente uma agência de viagens. Eles viram Aldo como um excelente embaixador da arquitetura de Lina e queriam levá-lo ao Brasil. Esse foi o início do projeto seguinte. Conversei então com Els Hoek, uma das editoras da TV VPRO, e propus filmar um documentário sobre Lina Bo Bardi com Aldo. Tendo Marcelo como ponto de contato no Brasil, o projeto logo decolou. A ideia era que Aldo e Hannie van

Eyck visitassem os principais projetos de Lina, em São Paulo e em Salvador, acompanhados por uma equipe de filmagem da VPRO. Como fui avisado por diversas fontes sobre os caprichos e o temperamento de Aldo, decidi também convidar Max Risselada — para não ter de lidar com ele sozinho, além de ser um desdobramento natural da nossa colaboração na exposição.

Uma vez no Brasil, descobrimos que tínhamos pouco a temer de Aldo. Ele estava ansioso para ver os projetos de Lina, obra em que via uma confirmação do sentido social e de possibilidades arquitetônicas e na qual se reconhecia. Nos trajetos e durante as refeições, Aldo era quem mais falava. Nem pensava em fazer perguntas aos outros. Houve alguns problemas, mas por parte da equipe de filmagem. Fora Els, ninguém tinha se preparado. Um dia antes da chegada de Aldo e Hannie, visitamos o Sesc Pompeia, icônica fábrica transformada em local de lazer em São Paulo. O diretor caminhava por lá atordoado, se perguntando o que havia de especial naquilo e que diabos eles deveriam filmar. O cinegrafista tinha olhos principalmente para a vida nas ruas brasileiras. E o engenheiro de som, que morava no Rio de Janeiro, queria mostrar o "homem comum". Durante uma semana inteira estivemos ocupados em captar arquitetura e ideias arquitetônicas em filme — conduzindo Aldo por São Paulo em uma caminhonete aberta, voando de helicóptero e filmando a Casa de Vidro como cenário de um almoço festivo com arquitetos locais.

Em Salvador, a Ladeira da Misericórdia, depois de anos vazia, tinha sido ocupada e o engenheiro de som encontrou sua chance. Todas as histórias de vida dos moradores foram registradas. Já o câmera se viu num paraíso cinematográfico em Salvador — porque a vida é vivida nas ruas por personagens coloridos num cenário teatral ininterrupto. Aldo aceitou que tudo acontecesse daquela forma. Ele era colocado em todo tipo de pose e repetia sua história apaixonada até que tudo saísse bom. Para ele, o importante eram Lina e a Bahia. A fantástica cena de abertura de Aldo na escadaria de madeira do Solar do Unhão, em Salvador, surgiu de forma natural, logo depois de chegarmos de São Paulo. Aldo falou espontaneamente, e repetiu diversas vezes para a câmera, em um monólogo de minutos, enquanto subia e descia as escadas de diversas formas. Durante a montagem, metade do documentário ficou dedicada a impressões gerais de Salvador, até que Els interveio e, junto ao editor, voltou a focar em Aldo e Lina.

A BAHIA DE ALDO

Provavelmente, Aldo buscava na Bahia o que ele tinha encontrado na África nos anos 1950: uma cultura pura, ainda não afetada pela globalização. Enquanto Max, eu e minha esposa ficamos em quartos no andar de cima da Casa do Benin, no coração do centro histórico, um apartamento de luxo no clássico-moderno Hotel da Bahia tinha sido reservado para Aldo e Hannie. Ao chegar, Aldo se recusou resolutamente a ficar ali. O hotel não combinava com a imagem da Bahia que ele tinha em mente. Com alguma dificuldade, encontramos um quarto no Grande Hotel da Barra, que, apesar do nome pomposo, era muito simples, mas oferecia uma fabulosa vista da baía de Todos os Santos.

Depois de uma semana, Max e a equipe de filmagem foram embora. Ficamos mais alguns dias com Aldo e Hannie para conhecer melhor a Bahia. Passeamos com arquitetos da cidade em busca de vestígios da população local intocada e das influências africanas. O mercado de São Joaquim, na orla da baía de Todos os Santos, chegava bem perto disso, com frutas tropicais belamente expostas, o odor de carne não tão fresca e artigos domésticos tradicionais, mesmo que a maior parte fosse de plástico. O Convento de São Francisco, com a sua abundância de ouro e decorações barrocas, deixou Aldo furioso — com a igreja e com as autoridades eclesiásticas, que havia séculos causavam estragos e roubavam, em todos os cantos do mundo. E fizemos um passeio de um dia até o Recôncavo, o interior da baía de Todos os Santos. Nas indolentes cidades coloniais de São Francisco do Conde, São Félix e Cachoeira, parecia que o tempo tinha parado. Mesmo assim, a conclusão de Aldo foi inevitável e implacável. A Bahia que Lina descobriu na década de 1950 e a qual foi tão lindamente retratada nas fotos do francês Pierre Verger, aquela Bahia não existia mais. Foi tomada pela ditadura e pela globalização, pelos meios de comunicação de massa, pelas multinacionais e por tudo o que isso traz consigo. Tínhamos que nos contentar com o cenário e uma vida cotidiana com alguns fragmentos daquele outro tempo. Aldo ficou feliz por ter visitado a Bahia, ainda que mais uma vez tenha se dado conta de que deveria mesmo ter feito a viagem em 1969.

1
Meurs, Paul. "Engenho dos Erasmos, vestígios de uma primeira multinacional", *Leopoldianum*, revista da Universidade Católica de Santos, vol. XVII, n. 49, pp. 85-92, abr. 1991.

2
"Vormgeven aan de herinnering; restauratie en bewaarzucht" [Moldando a memória; restauração e anseio de preservação], *De Architect*, n. 5, pp. 52-9, 1992; "Modernisme en traditie, monumentenzorg in Brazilië"' [Modernismo e tradição, conservação de monumentos no Brasil], *Archis*, n. 6, pp. 70-80, 1994; "De Braziliaanse identiteit en het Moderne; het werk van Lina Bo Bardi" [A Identidade Brasileira e o Moderno; o trabalho de Lina Bo Bardi], *De Architect*, n. 5, pp. 62-7, 1994; "Architectuur van macht en muzen, het fenomeen Oscar Niemeyer" [Arquitetura do poder e das musas, o fenômeno Oscar Niemeyer], *De Architect*, n. 9, pp. 63-71, 1993; "Brasília: stad tussen droom en werkelijkheid" [Brasília: Cidade entre sonho e realidade], *Archis*, n. 11, pp. 32-9, 1992; "Rio de Janeiro, proeftuin voor modernistische stedebouw" [Rio de Janeiro, campo de testes para o urbanismo modernista], *Archis*, n. 5, pp. 36.-43, 1992; "Curitiba, een ecologische metropool" [Curitiba, uma metrópole ecológica], *De Architect*, n. 2, pp. 51-9, 1994; "Democratische ruimte in São Paulo en Rio de Janeiro onder druk" [Espaços democráticos sob pressão em São Paulo e Rio de Janeiro], *De Architect*, n. 11, pp. 100-9, 1993; "Bouwen aan een ongelijke wereld, ommuurde woonwijken in São Paulo en Rio de Janeiro" [Construindo num mundo desigual, áreas residenciais muradas em São Paulo e Rio de Janeiro], *De Architect*, n. 9, pp. 50-61, 1993.

3
Orçamento da Beurs van Berlage, arquivo Jeroen Schilt.

4
E-mail de Noud de Vreeze, 3 fev. 2023.

5
O Fundo de Fomento à Arquitetura não possui arquivo, este trecho da carta de rejeição vem da gravação da palestra de Aldo van Eyck na abertura da exposição Lina Bo Bardi, em 8 set. 1995, em Delft (arquivo pessoal).

6
E-mail de Jeroen Schilt, 30 jan. 2023.

7
E-mail de Max Risselada, 12 jun. 2024, que conversou com Tess van Eyck sobre esta visita.

8
Gravação do discurso de abertura da exposição Lina Bo Bardi Arquiteto proferido por Aldo van Eyck, em 8 set. 1995, em Delft (arquivo pessoal).

9
Hann, Hilde de; Haagsma, Ids. "Bo Bardi's werkelijkheid is bloedmooi" [A realidade de Bo Bardi é belíssima], *De Volkskrant*, 13 set. 1995.

10
Roos, Robert. "Bij Lina Bo Bardi draait alles om de mens" [Em Lina Bo Bardi tudo gira em torno das pessoas], *Trouw*, 15 set. 1996.

PAULO

O REENCONTRO

MAX RISSELADA

Max Risselada, professor emérito de Arquitetura da Universidade de Delft, publicou extensamente sobre os arquitetos da geração de Aldo van Eyck, como no livro seminal *Team 10: 1953-1981. In Search of a Utopia of the Present* [Team 10: 1953-1981. Em busca de uma utopia do presente]. No fim dos anos 1960, Risselada chegou a ser assistente de Van Eyck. Passadas duas décadas de pouco contato, ele se juntou ao arquiteto para participar da viagem que Aldo e Hannie van Eyck fizeram ao Brasil para visitar as obras de Lina Bo Bardi. Anos depois, ao lado de Marcelo Ferraz, Risselada foi um dos idealizadores da publicação *Lina por Aldo*. Em agosto de 2024, em uma conversa informal em sua casa em Delft, como tantas outras que tivemos ao longo dos anos, Max compartilhou conosco, em um testemunho para este livro, suas reflexões sobre as convergências e divergências entre o trabalho e as ideias de Lina Bo Bardi e Aldo van Eyck. – Nota dos Organizadores

Em 1969, Aldo van Eyck conheceu Lina Bo Bardi durante uma breve viagem a São Paulo. Na época, eu era seu assistente. Normalmente, quando ele voltava de uma viagem ao exterior, nos contava, a mim e aos alunos, tudo o que havia visto. Mas dessa viagem não chegou a mencionar nada. Em retrospecto, me pergunto por que ele não compartilhou suas impressões conosco. E me parece que talvez fosse por aqueles terem sido anos muito difíceis para ele. Após a Trienal de Milão de 1968, sua condição pessoal se complicou. Sua saúde havia se deteriorado e, em algum momento, ele chegou a colapsar e foi parar no hospital. Simplesmente não estava em condições de se deixar impactar pelas obras de Lina. O episódio do fechamento da Trienal de Milão, com o cancelamento de sua própria exposição, foi muito perturbador para ele. Mas antes mesmo da Trienal, seu humor estava sombrio. Em Milão, sua exposição tratava da destruição ambiental do planeta e dos eventos dramáticos da Guerra do Vietnã. A mostra começava com vários espelhos quebrados, nos quais os visitantes viam reflexos fragmentados de si mesmos. De certa forma, isso refletia sua própria situação: desmoronando. Também o afetou demais o fato de os estudantes que protestavam contra a Trienal acusarem os organizadores da exposição de estarem alinhados à burguesia. Aldo se via como uma pessoa profundamente humanista, que fazia o bem para o mundo. Por que os estudantes fechariam enfurecidos sua exposição? Aquilo o deixou imensamente abalado, o que o afetou demais.

Quando Aldo reencontrou o trabalho de Lina, nos anos 1990, e se encantou por ela, estava numa situação completamente diferente. Lembro-me de ele adorar os desenhos de Lina, especialmente por ela desenhar pessoas nos projetos, algo que Aldo jamais fazia. Ele adorava os desenhos por revelarem uma abordagem humanista do trabalho de Lina. Aldo não desenhava figuras humanas em seus projetos, mas era muito bom em expressar suas ideias humanistas em seus textos.

É evidente que Aldo reconhecia as semelhanças entre o trabalho de Lina e o seu, mas também havia muitas diferenças. Eles compartilhavam o modo como incorporavam e acomodavam o mundo pré-industrial em seus trabalhos. É a combinação entre "o mundo da mão e o da mente" que torna o trabalho de ambos tão fascinante. Interessante como Aldo estudava esse mundo pré-industrial, por exemplo, pesquisando e visitando os Dogon e outras sociedades africanas e americanas em suas viagens, usando as estratégias arquitetônicas desses grupos para argumentar sobre o que havia de errado nas condições de vida de seu próprio tempo. Aldo estava em busca do que acreditava serem expressões universais da humanidade.

Lina tinha uma atração semelhante pelas sociedades pré-industriais, não as da África, mas as do Nordeste do Brasil. No entanto, sua abordagem com essas comunidades era bastante diferente. Lina queria se tornar brasileira, e com isso se envolveu e se dedicou a esse universo. Aldo, de certa forma, permaneceu à distância, com sua câmera registrando o que ele já procurava encontrar. Nunca quis impor algo de seu próprio ambiente às sociedades que visitava. Não tinha uma missão a cumprir com essas comunidades, apenas um interesse pessoal, à maneira de Picasso em relação à arte tribal. Lina, no entanto, encontrou muito mais do que havia imaginado em sua busca no sertão brasileiro. A princípio, ela acreditava na missão de levar a cultura da Itália e da Europa para o Brasil, de ensinar o público brasileiro a ver arte. Mas, em dado momento, percebeu que era melhor não fazê-lo. Havia mais a aprender com o povo brasileiro do que o contrário. Para ela, aquilo se tornou uma busca pessoal. Uma espécie de volta para casa, em uma cultura diferente.

Interessante observar como as arquiteturas de Lina e de Aldo são distintas uma da outra. Aldo era de fato um classicista. Trabalhava com a linguagem formal tradicional, principalmente com o círculo e o quadrado. E então adicionava momentos mágicos a essas formas antigas. A arquitetura de Aldo seria, portanto, bastante composicional, derivada de uma forte tradição artística europeia. O trabalho de Lina, no entanto, é muito diferente. Especialmente os primeiros projetos, que seriam realmente modernistas. Somente mais tarde Lina mudaria suas ideias a respeito de formas arquitetônicas, implementando estruturas e estratégias artesanais para organizar os espaços. Em seu trabalho, Lina parecia buscar mais uma linguagem arquitetônica de descoberta de novas formas, enquanto em Aldo as formas pareciam ser predeterminadas. Isso os torna completamente diferentes.

Aldo também não se interessava tanto pelo processo de construção. Dedicava a maior parte de sua energia ao conceito e a projetar, ao processo de design. De certa forma, ele parava de trabalhar quando a construção começava, também porque não se entendia muito bem com aqueles que precisavam construir seus projetos. Lina, por outro lado, tinha um legítimo interesse pela construção, pelos artesãos. Ela chegou a mudar seu escritório para o canteiro de obras da Fábrica Pompeia, por exemplo, durante a construção do Sesc. Aldo não se sentia à vontade em um canteiro de obras. Há uma história famosa sobre a construção do projeto de Aldo para o orfanato de Amsterdam. Aparentemente, ele perturbava tanto o trabalho de construção que, em determinado momento, foi convidado a não mais visitar a obra. Seu assistente, Joop van Stigt, teve que finalizar o projeto em seu lugar. Acho que uma das grandes diferenças pode se resumir ao fato de que Lina era super interessada na colaboração, enquanto Aldo trabalhava sempre mais individualmente.

A redescoberta do trabalho de Lina por Aldo, nos anos 1990, deve também ser entendida dentro do contexto da época. Os projetos e as ideias de Lina ofereciam a Aldo a oportunidade de retomar sua batalha contra o pós-modernismo e toda uma mania de grandeza, que era muito popular na época. Foi uma oportunidade para que se opusesse aos arquitetos pós-modernistas, que ele havia desafiado na década anterior. Num primeiro momento, sua estratégia era esbravejar contra eles, mas depois percebeu que isso não funcionaria. Ao introduzir Lina no debate, ao apresentar o trabalho e as ideias de outra arquiteta com quem Aldo tinha uma imensa conexão, essa briga tornou-se menos pessoal, deixou de ser um confronto direto. Lina era uma mulher que trabalhava do pequeno para o grande. O que era o contrário das ideias dos arquitetos dos anos 1990, todos homens, que partiam do grande para o ainda maior e para o gigantesco. Na abertura da exposição de Lina em Delft, que Aldo ajudou a viabilizar, em seu discurso de abertura, ele passou a primeira meia hora não tratando de Lina Bo Bardi, mas sim criticando arquitetos como Rem Koolhaas e o "gigantismo" de seu escritório OMA.

É indiscutível que a obra e as ideias de Lina tenham sido de enorme importância para Aldo, ainda que eles tenham se encontrado pessoalmente apenas uma vez. Embora Aldo seja retratado como um artista-arquiteto mais individualista, ele compartilhou da colaboração de diversas pessoas ao longo da vida em seu processo de trabalho. Seus projetos, ações, planos, exposições, textos e publicações foram examinados e debatidos por diversos pares antes de serem divulgados. Hannie van Eyck, sua esposa, ela mesma arquiteta, foi também crucial na carreira de Aldo, atuando como parceira intelectual em muitos projetos. Outras mulheres ainda desempenharam papéis relevantes em sua vida, como Carola Gideon Welcker, historiadora suíço-alemã, estudiosa da arte e literatura modernistas, que apresentou Aldo e Hannie ao mundo das artes durante os anos em Zurique, ou ainda a amiga Nelly van Doesburg, musicista, dançarina, artista e colecionadora de arte holandesa de vanguarda.

Lina Bo Bardi pertence a essa categoria de mulheres extraordinárias que foram determinantes para o arquiteto holandês ao longo da vida. E o (re)encontro de Aldo com os projetos de Lina, nos anos 1990, lhe deram entusiasmo, fôlego e alegria, em seus últimos anos de vida, para defender e promover suas próprias ideias a respeito da arquitetura, seu próprio projeto arquitetônico, espelhando-se em Lina e em suas ideias.

I-XII

LADEIRA DA MISERICÓRDIA
Salvador, Bahia
Projeto de Lina Bo Bardi com Marcelo Ferraz e Marcelo Suzuki, e colaboração de João Figueiras Lima, o Lelé, 1986-88

II

III

IV

VI

CASCOLA

IX

I-XII

Fotos: Aldo van Eyck

UMA ANTROPOLOGIA DOS SENTIMENTOS ESCRITA POR LINA BO BARDI EM TEMPOS DE EMERGÊNCIA CRIATIVA

MARA SÁNCHEZ LLORENS

Em 1941, Lina Bo projetou e construiu um berço emergencial a partir da reciclagem de uma caixa de frutas de madeira.[fig. 1] A arquiteta estava respondendo à inquietação de uma leitora da revista popular *Grazia* [Graça]. "Un'amica al vostro fianco" [Uma amiga ao seu lado], para quem é impossível comprar os móveis ilustrados por Bo no artigo "Un mobile per la stanza del neonato" [Um móvel para o quarto do recém-nascido]. A leitora se dirige a Lina em uma carta e pergunta: "O que posso fazer? Tenho um bebê, mas não tenho dinheiro para comprar um berço nem nada para construir um." Lina responde com a fotografia de um modelo em tamanho real que ela mesma construiu, um berço caseiro feito com uma caixa de frutas acolchoada por dentro, uma colcha de retalhos e um dossel articulado. O berço é simples, pois Lina também não tinha nada para construí-lo, apenas a própria engenhosidade.

Esse projeto emocionou as leitoras, e a arquiteta recebeu montanhas de cartas, o que o transformou em um fenômeno social, gerando certa alegria em tempos de guerra.

Não consigo parar de olhar para esse berço e perceber que nele convergem várias das teses deste texto: a soma dos escritos de Lina Bo Bardi é um projeto de emergência criativa que leva a certa ideia de felicidade, um sentimento que ela formula a partir de um humanismo associado à natureza e necessário para reconstruir o ser humano destroçado por seu tempo.[1] Lina seria a mulher da tribo, a matriarca, ou algo assim, alguém que sabe como entreter as crianças e proteger os sonhos da juventude.[2]

Os textos de Lina refletem procedimentos extremamente vitais, nos quais os processos de pensamento e as ações oferecem ao mundo uma visão possibilista do que está por vir. Eles refletem tempos de mudança que trazem consigo certa catarse pessoal e instrumental, na qual as próprias certezas desaparecem e uma busca por novas regras emerge. Aquilo que acontece na ausência de tais diretrizes e quando as fórmulas usuais perdem a validade (como no caso do berço emergencial), e também enquanto novos protocolos estão sendo divulgados, é o que podemos chamar de emergência criativa. Os critérios de ação nessa situação emergencial servem para definir uma maneira bobardiana de abordar o projeto arquitetônico, que une a poesia da realidade ao rigor.

O arquivo documental de Lina Bo Bardi está guardado no Instituto Bardi, localizado na Casa de Vidro projetada por Lina, que foi residência do casal Bardi desde 1952. O acervo de Lina inclui 11.500 documentos relacionados a sua atividade profissional, com

189 pastas de desenhos e 15 mil fotografias de seus projetos. Em 2012, o Instituto Bardi apresentou uma ferramenta de pesquisa que cataloga os documentos preservados e relacionados aos projetos da arquiteta, bem como outros documentos pessoais. No total, são compilados 369 artigos, dos quais Lina Bo Bardi é autora de 155. A esses 155 registros soma-se a tese "Contribuição propedêutica ao ensino da teoria da arquitetura" (São Paulo, 1957). Há 913 cartas pessoais e profissionais, além de 158 telegramas. O arquivo se completa com dez reportagens fotográficas, uma delas de sua viagem a Tóquio, Japão, em 1975, que tanto influenciou seu trabalho.[3]

Lina declarou, certa vez, que a guerra a traumatizou, a chegada ao Brasil a aliviou, a exploração antropológica da sociedade brasileira a estimulou e a recepção entusiasmada de suas obras pelo "povo" a curou. Entender essa sociedade brasileira, uma mistura de ibéricos, indígenas, nordestinos e africanos, foi o objeto de estudo de toda a sua carreira, seus escritos e suas propostas arquitetônicas — que culminaram em uma esperançosa proposta para a Nova Prefeitura de São Paulo e seu monumental e idílico Jardim Vertical.

Este ensaio analisa os escritos de Lina Bo Bardi e a antropologia dos sentimentos que neles vislumbramos.[4] A ideia de emergência criativa, entendida no contexto da visão da antropologia dos sentimentos, é exemplificada por um objeto para a infância, um berço, mas essas duas concepções, a emergência criativa e a antropologia dos sentimentos, se estendem aos espaços comuns projetados por Lina Bo Bardi e também aos projetados por Aldo van Eyck: esse é um fio que os une.

[fig. 1]
Berço emergencial, Lina Bo, 1941.

[fig. 2]
Capa da revista *Grazia*, nº 154, outubro de 1941.

PROJETOS DE EMERGÊNCIA: ITÁLIA, 1940 — SÃO PAULO, 1986

Lina Bo e Carlo Pagani, sócio e amigo, ilustraram, desenharam graficamente, editaram e escreveram 39 artigos para a revista *Grazia*, 37 deles em 1941.[fig. 2] O projeto do berço, com o qual iniciamos esta reflexão, surge da criatividade que responde a uma encomenda profissional em uma época em que ninguém recebia nenhuma encomenda. Sua resposta ajudava muitas pessoas; fazia algo muito difícil, pois partindo de nada — coisas velhas, um trapo, uma caixa usada — chegava a um projeto bem-sucedido. A emergência criativa consistia em dar respostas às necessidades das pessoas com o que já existia, transformando objetos com muito pouco. Quase meio século depois, o mesmo aconteceu no projeto do Sesc Pompeia, em que Lina transformou uma antiga fábrica de tambores em um centro de esportes e lazer. Em 1986, Lina enviou à revista *Arquitetura e Urbanismo* anotações feitas no canteiro de obras do Sesc:[5]

> Nada mais cômodo, no mundo, do que a postura idealista e metafísica, que permite uma saída qualquer, que não toma conhecimento da realidade objetiva fugindo do seu controle. Observando uma coisa é preciso examinar sua essência, considerando sua exterioridade apenas uma porta que dá acesso ao conhecimento de sua realidade. É o único método certo. O método da análise científica. As causas externas operam através das internas. O ovo que recebe adequada quantidade de calor se transforma num pintinho, mas o calor não pode transformar em pintinho uma pedra. – Lina Bo Bardi, 1986

A realidade da mãe que não tem dinheiro para comprar o mobiliário infantil proposto na revista, incapaz de fazê-lo por si mesma, por mais "calor" que pusesse na tarefa. O restante da arquitetura que Lina projeta no Brasil melhora o habitat das pessoas ao tratar com cuidado do seu entorno cotidiano: esse ideário está registrado nos 127 artigos nos quais ela colabora na revista.

Essa espécie de berço emergencial mostra não apenas a engenhosidade e a criatividade bobardianas, mas também seus princípios, meios e fins. Lina acredita, portanto, que a arquitetura moderna e o desenho industrial podem salvar a humanidade. Os mal-entendidos que ela enfrenta e a maneira como ela, enfim, alcança certos objetivos após sua catarse baiana também são refletidos em seus textos de 1946 a 1992.

O COTIDIANO: *ENCICLOPÉDIA DA MULHER*, SÃO PAULO, 1957

O casal Bardi chegou a São Paulo em 1947 e durante anos marcou presença nas páginas sociais da mídia impressa.[fig. 3] Lina surge e recebe algum reconhecimento após a construção da Casa de Vidro, em 1952, na edição matutina da *Folha de S.Paulo* de 20 de julho, seção Vida Social e Doméstica:

> Lina Bo Bardi é uma arquiteta italiana que se radicou em São Paulo desde 1947 emprestando ao nosso ambiente cultural seu indiscutível valor [...] está dirigindo a revista *Habitat* e prepara um livro, uma sua ideia fixa sobre a organização da casa moderna.

FIGURAS femininas em FOCO

UMA ARQUITETA ITALIANA E UMA JORNALISTA BRASILEIRA

Lina Bo Bardi

Odete de Freitas

SCARLETT E A ELEGANCIA DE INVERNO

"Slacks" para Campos do Jordão, "ensembles" para o coquetel — Encontro com muita gente bonita

PEDIATRIA

A boca do bebê

HEMORROIDAS – FISTULAS

DR. NELSON MACCHIAVERNI

PELES CONTINENTAL

Week-end

CASAS BRISTOL

CANCER – CLINICA PIERRO

Grande venda Especial!

Compre agora por preços excepcionais

- TAPETES
- PASSADEIRAS
- TECIDOS PARA MÓVEIS E DECORAÇÕES
- MÓVEIS DE MADEIRA
- GRUPOS ESTOFADOS
- E MÓVEIS AVULSOS

com grandes reduções

10% 20% 30% DE DESCONTO

TAPEÇARIA SCHULZ

AGORA V. poderá comprar na CIPAN com pequena entrada e módicas prestações mensais

O FAMOSO REFRIGERADOR AMERICANO

NORGE

FABRICADO NO BRASIL

Com a mesma qualidade!

Com a mesma beleza!

Com a mesma garantia!

CIPAN

FOLHA DA MANHÃ, DOMINGO, 20 DE JULHO DE 1952 - VIDA SOCIAL E DOMÉSTICA - Pagina 13

[fig. 3]

Seção Vida Social e Doméstica da edição matutina da *Folha de S.Paulo*, 20 de julho de 1952.

O artigo de Lina citado pela coluna do jornal foi publicado em 1957 na *Enciclopédia da Mulher*, versão brasileira da *Encyclopédie de la Femme*, que aparece na França pela primeira vez em 1950. A publicação no Brasil chegou pela Editora Globo e o sumário descrevia uma mulher que seria apenas esposa, algo que Lina nunca foi.[6]

O capítulo da arquiteta, "A casa: sua organização, seu arranjo", começa com uma reflexão em torno da ética da moradia ligada à estética, que ela relaciona à natureza e a sua estrutura orgânica, alude ao valor sentimental das coisas e aponta o valor do gosto pelo autêntico em oposição à especialização da arte elitista.

O mobiliário bobardiano é autêntico e combina conforto e espiritualidade; a casa que ela defende tem um amplo espaço de estar-comer-trabalhar e ambientes diminutos para o descanso noturno — ela ilustra esse ponto com imagens da Casa de Vidro. Além dos aposentos diurnos e noturnos, ela considera a cozinha e os espaços externos de importância vital, dedica várias páginas ao jardim e ao uso de materiais locais e desenha as medidas de utensílios e eletrodomésticos. "A cozinha deve ser considerada hoje como um laboratório científico, uma espécie de gabinete racional apto a suavizar o mais possível o trabalho da dona de casa, torná-lo um trabalho agradável, bem longe do 'trabalho forçado' de alguns anos atrás."[7]

"CONTRIBUIÇÃO PROPEDÊUTICA AO ENSINO DA TEORIA DA ARQUITETURA"

Em 1957, Lina apresentou um ensaio ilustrado para uma candidatura ao concurso de docente da cadeira de Teoria da Arquitetura na Faculdade de Arquitetura e Urbanismo da Universidade de São Paulo.

"Contribuição propedêutica ao ensino da teoria da arquitetura" inclui um percurso por obras de interesse para a arquiteta e reflexões de um ponto de vista humanista.[fig. 4] Alguns capítulos se destacam, como "Natureza e arquitetura", "A medida humana", "O arquiteto e a sociedade" e "Atualização metodológica". Após a rejeição de sua candidatura, ela não voltou a mencionar esse texto até um encontro com estudantes da Faculdade de Arquitetura e Urbanismo da USP (FAUUSP), em 1990.[8]

O texto ensaístico combina uma abordagem da arquitetura universal, tanto teórica quanto gráfica, com reflexões e imagens locais que permitem vislumbrar o caminho que Lina seguiria nas décadas seguintes. A arquiteta alerta para certos equívocos que detecta após os anos em que dirigiu a revista *Habitat*, fundada em 1950 com Pietro, e uma década depois da chegada ao Brasil.

O documento que ela apresentou começa com uma citação do arquiteto brasileiro Manuel de Araújo Porto-Alegre e o foco do texto em questão:

> [...] por ser a Arquitetura uma arte que deve levar em séria consideração a terra em que se realiza — sendo, pois, importantes as emoções suscitadas em seus escritores e artistas; — e por ser ela, igualmente, o produto ou melhor ainda, a projeção do homem civilizado no mundo.[9]
>
> A arquitetura se inspira na natureza que a governa, oferecendo-lhe ao mesmo tempo os materiais e instrumentos necessários para formá-la e dar-lhe harmonia; é pacífico, por isso mesmo, que o estudo da natureza deve ser a fonte primeira do estudo da arquitetura, enquanto produto e criação do homem. – Lina Bo Bardi, 1957

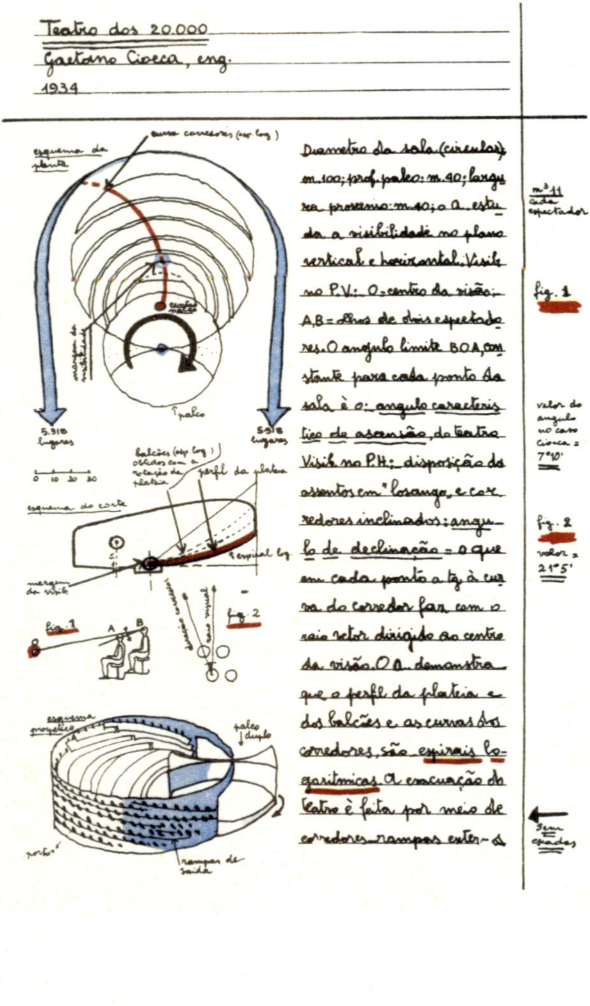

[fig. 4]

Trecho de "Contribuição propedêutica ao ensino da teoria da arquitetura", Lina Bo Bardi, 1957.

Esse texto representa uma transição entre o período europeu e a imersão definitiva no Brasil e um estudo meticuloso do cotidiano: uma teoria útil do dia a dia. É um dos primeiros textos acadêmicos escritos por uma mulher no qual ela também propõe certas diretrizes para o ato de projetar e da compreensão da arquitetura após o Movimento Moderno.

É significativo que essa revisão crítica e propositiva da arquitetura no fim da década de 1950 tenha sido realizada no Sul e não nos centros acadêmicos europeus oficiais. Ao mesmo tempo, o texto oferece uma proposta alternativa ao escopo da arquitetura das elites arquitetônicas locais, focadas em responder à modernidade, de costas para a especificidade do lugar. Hoje poderíamos estar tratando da "condenação" da modernidade no Brasil e a resposta da emergência criativa dada por uma Lina fascinada pelo país que a acolheu, e que ela voluntariamente escolhe como seu. Seus sentimentos se tornarão ainda mais alegres depois de conhecer o Nordeste do Brasil.

BAHIA: MUSEU DE ARTE MODERNA

Após a desilusão com a FAUUSP, o trabalho no Brasil e a experiência anterior na Itália levaram a uma oferta da Universidade Federal da Bahia para ministrar algumas palestras em 1958, e Lina se mudou sozinha para lá.

Em Salvador, no fim dos anos 1950, os artistas de vanguarda eram um grupo muito unido, e ela se tornou parte deles, buscando o bem comum. Bo Bardi era apaixonada e sensível e enfrentou um mundo masculinizado, mas sempre manteve o entusiasmo. Sobre isso, ela testemunhou: "Se eu nascesse de novo, só colecionaria fantasias, emoções e alegrias."[10] [fig. 5]

Em 1967, Lina revisitou sua primeira estada soteropolitana em "Bahia: Museu de Arte Moderna". O texto foi publicado na revista *Mirante das Artes* (São Paulo, Brasil)[11] e narra, com imagens e legendas, um imaginário que pertence ao ambiente cultural que permeia a fundação do Museu de Arte Moderna da Bahia (Mamb). Lina compõe o que ela identifica como uma cultura contemporânea, enraizada ali e amparada nas tradições populares, nas diferentes economias e sociedades que ali residem, uma abordagem sustentável da arte por meio do povo do Nordeste brasileiro, no que ela considera ser um exemplo claro de emergência criativa. Não há uma tecnologia única ("Técnica e arte", *Diário de São Paulo*, 1960), mas, sim, diversos ofícios, tradições e recursos, uma espécie de tecnologia vernacular que Lina valoriza tanto quanto a identificação da necessidade, como foi o caso do berço com o qual começamos este texto, e aí está a emergência criativa do povo brasileiro que fascina Lina.

Entre 1959 e 1964, anos em que Lina viveu na Bahia e dirigiu o Mamb, ela promoveu uma revalorização da cultura popular do Nordeste brasileiro por meio de um programa público multidisciplinar. Todas essas ações estão nos textos mantidos no Solar do Unhão; em seu arquivo estão preservados comunicados à imprensa, entrevistas com Lina como "Lina Bardi (arquiteta) fala (com a desculpa) do divórcio", de 1960,[12] correspondências e rascunhos de passagens expositivas como "Bahia no Ibirapuera" (1959), "Bahia de Todos os Santos" (1966), "Formas como escultura" (1960), "Cinco anos entre brancos" (1967) ou "A mão do povo nordestino" (1977).

Glauber Rocha, Lina Bo, Martim Gonçalves e Vivaldo Costa Lima no Parque Ibirapuera: montagem da Exposição Bahia.

Em setembro de 1959 Lina Bo, em colaboração com Martim Gonçalves, fundador e diretor da Escola de Teatro da Universidade da Bahia, monta em São Paulo, no Parque Ibirapuera, a Exposição Bahia, primeira apresentação no Sul dos problemas 'culturais' do Nordeste: nada de Folklore. A exposição, mais de antropologia cultural do que de Arte, despertou, com sua violênça popular, sua novidade de apresentação (extrema simplicidade de meios expressivos, chão coberto de folhas verdes, slides) o interêsse do público paulista. São os antecedentes do M.A.M.B.

Inauguração da Exposição: Juscelino Kubitschek, Presidente da República, Carvalho Pinto, Governador do Estado de São Paulo e Ruy Santos, Secretário do Govêrno da Bahia.

Exposição didática de História da Arte montada por Lina Bo: Arte como História; 50 painéis de documentação, cincoenta 'peças' originais, da pré-história aos nossos dias.

[fig. 5]

Fragmentos do texto "Bahia: Museu de Arte Moderna", publicado na revista *Mirante das Artes*, Lina Bo Bardi, 1957. Na foto, Lina corre ao lado de (da esquerda para a direita) Glauber Rocha, Martim Gonçalves e Vivaldo Costa Lima.

[fig. 6]

Estudo para a Prefeitura de São Paulo no Palácio das Indústrias e Prédio Novo no Parque D. Pedro, 1990.

Assim, no ensaio visual "Bahia: Museu de Arte Moderna", Lina resume a estadia no local e a proposta de entrelaçar três instituições no Solar do Unhão:[13] o Museu de Arte Moderna, o Museu de Arte Popular e a Escola de Artesanato e Desenho Industrial. A atmosfera afetiva do solar nos impressiona: afinal, é o local onde trabalhavam homens e mulheres escravizados trazidos da África pelos colonizadores portugueses.

Lina retornou a São Paulo em 1964 e lá permaneceu por causa da grave situação política desencadeada pelo golpe militar contra o presidente João Goulart, pelas Forças Armadas brasileiras, na manhã de quarta-feira, 1º de abril de 1964. Os tempos baianos, em que ela reconhece que a paisagem mais importante é a humana, sempre ecoarão em sua mente. Na arquitetura que se situa entre o serviço coletivo e a poesia, a emergência criativa surge da antropologia dos sentimentos vivos em qualquer sociedade aberta.

SÃO PAULO, 1992

O percurso que fizemos neste texto começa com o desenho de um berço e encabeça uma história pessoal, a bobardiana, e uma história do projeto, do desenho e da palavra, como resposta à situação em que se desenvolve.[fig. 6] Em uma entrevista em 1992, Lina relembrou seus primeiros passos após a criação do Museu de Arte de São Paulo (MASP), na avenida Paulista. Quando ela contou ao marido, Pietro Maria Bardi, sobre sua ideia para o museu, ele respondeu: "Esses são sonhos de mulher." Lina acreditava que a arquitetura não era uma utopia, mas um meio de tornar realidade certos sonhos coletivos, o que foi seu grande desafio no Brasil, e seus textos são vestígios disso.

> Fiz aquele vão grande [...], que deveria ser para exposições, jardins, playgrounds de crianças. Eram 80 metros de luz que eram uma coisa internacional bastante interessante. [...] Em 1968, foi inaugurado. [...] Não procurei a beleza, procurei a liberdade. Os intelectuais não gostaram, o povo gostou. Gostou muito. "Sabe quem fez isso? Foi uma mulher!" – Aurélio Michiles, 1993

Lina descreve e relata, em ensaios ilustrados, textos-diagramas datilografados, esboçados, editados ou transformados em imagens, como as capas da revista *Habitat*, como agir sobre a realidade. Ao acompanhar os textos com fotografias de grandes artistas, como Pierre Verger, Marcel Gautherot, Albuquerque ou Alice Brill, ela estende sua narrativa a esses estudos antropológico-fotográficos, ou seja, seus escritos se tornam metaescritos. Seus textos avaliam mutações, como os processos de reciclagem de uma caixa de frutas de madeira em um berço ou de um edifício de escravizados da África em um museu. Os escritos bobardianos são uma reciclagem de atitudes criativas.

Em uma carta de 7 de outubro de 1991, Lina Bo Bardi se dirige ao Condephaat[14] a respeito da encomenda que havia recebido para a restauração do Palácio das Indústrias de São Paulo, situado no Parque Dom Pedro II, na Ilha dos Amores, um edifício institucional do início do século XX. A carta é acompanhada de um desenho e um texto: um grande desenho de um jardim vertical que completa a restauração das preexistências de acordo com o método científico. Duas palavras, "crianças" e "alegria", se destacam no texto colorido.

Esse jardim vertical coberto de flores e cores foi planejado para as crianças, como aquele berço de 1941. Lina ressalta que a vida útil do Palácio das Indústrias, longe de se esgotar, se transforma em outras formas para a sociedade, que haverá de moldá-lo por meio da natureza, que é o lugar-comum das pessoas a quem ela também dirige seus escritos.

> [...] uma arquitetura que pudesse comunicar de imediato aquilo que, no passado, se chamou "monumental", isto é, o sentido "coletivo" da "dignidade cívica". – Lina Bo Bardi, 1968

1
Lina sempre se interessou pela infância, e, em 1939, apresentou, como projeto final de seus estudos de arquitetura, uma maternidade para mães solteiras. Na década de 1980, ela dedicou três exposições ao público infantil no Sesc Pompeia: Mil Brinquedos Para a Criança Brasileira (1982), Pinocchio: História de um Boneco Italiano (1983) e Entreato para Crianças (1984).

2
Mendes da Rocha, Paulo. Caderno especial Lina Bo Bardi, *Caramelo*, n. 4, 1992.

3
Em 2009, Silvana Rubino e Marina Grinover publicam *Lina por escrito: Textos escolhidos de Lina Bo Bardi, 1943-1991* (São Paulo, Cosac Naify). Essa acertada compilação de textos escritos por Lina Bo Bardi aprofunda os estudos sobre a reflexão crítica realizada pela arquiteta ao longo da carreira, assim como seu compromisso intelectual. Os textos haviam sido publicados anteriormente em diversas mídias. Estão incluídas duas palestras proferidas por Lina: "Arquitetura: Cidade e natureza" (transcrita pelo Congresso de Arquitetos de São Paulo) e "Uma aula de arquitetura". Na introdução, "A escrita de uma arquiteta", as autoras fazem uma leitura particular de Lina Bo Bardi por meio dos periódicos para os quais ela contribuiu. Disponível em: https://marasanchezllorens.wordpress.com/2016/06/03/bibliografia-comentada-de-lina-bo-bardi/.

4
Segundo o antropólogo David Le Breton, os sentimentos são uma tonalidade afetiva dirigida a um objeto, marcada pela duração homogênea do conteúdo, se não da sua forma. Os sentimentos, ao contrário das emoções, têm um componente racional.

5
Revista *Arquitetura e Urbanismo*. São Paulo, ago. 1986.

6
Os capítulos da coletânea são: "A mulher e a beleza"; "A elegância e a moda"; "O trabalho manual"; "A casa"; "A conservação da casa e o trabalho doméstico"; "A cozinha prática e a arte culinária"; "A mãe e os filhos"; "A mulher e a vida social"; "A mulher e seus direitos"; "As horas de descanso"; "A sociedade e seus costumes"; "A mulher e o esporte"; "A mulher na história"; "A mulher na literatura"; e "A mulher e a arte". O capítulo dedicado à casa foi encomendado a Lina, que não é mencionada na introdução nem no capítulo que escreveu; apenas no índice é dito "com a colaboração especial da arquiteta Lina Bo Bardi".

7
Bo Bardi, Lina. "A casa: sua organização, seu arranjo". In: *Enciclopédia da Mulher*. São Paulo: Editora Globo, 1957, pp. 95-102.

8
"Uma aula de arquitetura", Revista *Projeto*, São Paulo, n. 133, 1990.

9
Lina Bo Bardi esclarece, em uma nota preliminar a "Contribuição propedêutica ao ensino da teoria da arquitetura", que tanto as ilustrações do texto quanto a bibliografia são uma amostra de um extenso panorama que ela delimitou, proveniente de diversas fontes, como periódicos e documentos de projetos antigos ou contemporâneos, e se aprofunda em questões de história, crítica e realidade cotidiana.

10
Entrevista manuscrita de Lina Bo, página cultural do jornal *A Tarde*, Salvador, 16 mar. 2005.

11
Revista *Mirante das Artes*, n. 6, nov./dez. 1967.

12
Sánchez Llorens, M.; Garrido, F. "Una antifeminista moderna". In: Alcántara, M.; García Montero, M.; Sánchez López, F. (orgs.). Estudios de género: 56º Congreso Internacional de Americanistas. Ediciones Universidad de Salamanca, 2018.

13
Um possível percurso pelos escritos bobardianos começa com os textos italianos que a arquiteta recém-formada escreveu, entre 1940 e 1946, em revistas como *Domus*, *Grazia*, *Lo Stile* e *"A"*, entre outras. E continua com os textos que acompanham seus projetos após a chegada ao Brasil, em 1946, textos que contribuem particularmente para a fórmula revolucionária de museu que resultará no projeto da avenida Paulista e seu sistema expositivo. Nessas passagens que acompanham os projetos arquitetônicos, Lina reflete sobre as formas de expor: "Museu Giratório" (1951), "Museu à Beira do Oceano" (1951) ou "Museu de Arte de São Paulo" (1957); todos os três textos formulam uma maneira diferente de usar o espaço público. Seu interesse em transformar o museu em um espaço emergente, dada a necessidade de aproximar o elitismo próprio do museu europeu à instância popular, pode ser vislumbrado no artigo "O Museu de Arte de São Paulo: A função social dos museus", que ela escreveu para o primeiro número da revista *Habitat* (out./nov. 1960) e que podemos entender em conjunto com a capa desenhada por ela. Para Lina, o museu deveria ser uma resposta urgente ao papel secundário da arte na cultura brasileira, uma demanda que ela considerava premente. No período de 1950 a 1953, Lina, juntamente com o marido, Pietro Maria Bardi, fundou e editou a revista *Habitat*. Nas primeiras 15 edições, eles formulam um novo aprendizado do conhecimento, no qual entrelaçam o erudito e o popular, o moderno e o ancestral, o Oriente e o Ocidente, o natural e o artificial.

14
O Conselho de Defesa do Patrimônio Histórico, Arqueológico, Artístico e Turístico é um órgão da Secretaria da Cultura do Estado de São Paulo, criado pela Lei 10.247 de 22 de outubro de 1968.

MUSEU MENTAL
Os escritos de Aldo van Eyck

HANS IBELINGS

Um dos principais temas de "Um dom superlativo", de Aldo van Eyck, é o projeto original da exposição permanente do Museu de Arte de São Paulo (MASP), no qual as pinturas estão dispostas no espaço como objetos livres, não fixados na parede.[1] Diz Van Eyck que o projeto de Bo Bardi, além de proporcionar uma experiência caleidoscópica de múltiplas obras de arte ao mesmo tempo, revela a essência das pinturas como objetos táteis, produzidos no espaço (Van Eyck presume eles terem sido pintados sobre um cavalete). Ele chama atenção para o fato de que "num certo sentido — o sentido errado —, pinturas em paredes tendem a ser vistas como janelas para um outro mundo", quando na verdade, argumenta o autor, são objetos propriamente ditos, mais bem apreciados no espaço. No texto, de 1997, Van Eyck lamenta que o projeto expositivo de Bo Bardi tenha sido abandonado, visto que o museu havia resgatado formas de representação mais tradicionais (de lá para cá, o projeto original foi reintroduzido). A imagem vívida que Van Eyck consegue oferecer de uma exposição que viu uma única vez, décadas antes, indica que, para o autor, ela não havia se esvanecido, ainda fazia parte de seu amplo "*musée imaginaire*" [museu imaginário], tomando emprestado o termo cunhado por André Malraux em 1947.

O conceito de "museu imaginário" era caro a Van Eyck. Ao que tudo indica, ele o conheceu por conta da amizade com Joop Hardy, artista, historiador da arte, educador, escritor e ávido colecionador de imagens de toda sorte. Hardy costumava se referir à sua própria coleção de imagens como "museu imaginário". Essa mesma coleção havia sido um importante recurso para a *Forum*, revista editada por ele e Van Eyck entre setembro de 1959 e fim de 1963 (com uma edição "tardia" em julho de 1967), ao lado de Dick Apon, Jaap Bakema, Gert Boon, Herman Hertzberger e Jurriaan Schrofer.[fig. 1] Como editores, eles desenvolveram uma linha editorial consistente, insinuada, de forma deliberadamente ambígua, no título da primeira edição: "The Story of Another Idea" [A história de outra ideia].[fig. 2]

"Museu imaginário" soa mais poético do que a popular tradução em língua inglesa para o título do ensaio de Malraux: "Museum Without Walls" [Museu sem paredes] (ainda que certamente se trate de uma expressão também adequada para descrever o projeto de Bo Bardi). Falta ao título em inglês a riqueza de associações suscitada por "museu imaginário", que é, a um só tempo, um museu imaginado, um museu de imagens, um museu da imaginação, um museu mental.

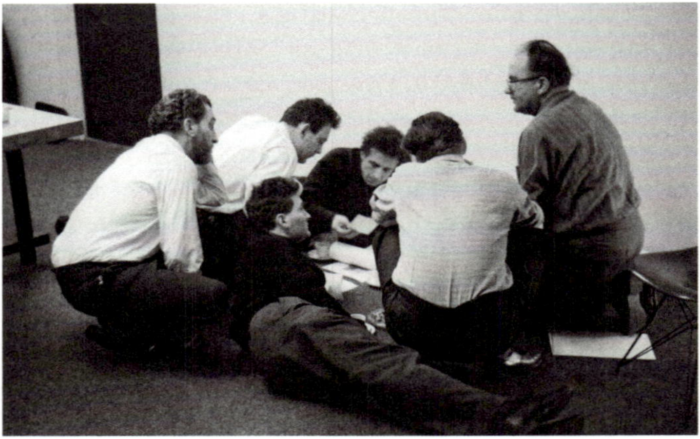

[fig. 1]

Reunião de conselho da revista *Forum*. Da esquerda para a direita: não identificado, Jurriaan Schrofer, Aldo van Eyck, Joop Hardy, Jaap Bakema e Herman Hertzberger, deitado no chão, 1961.

Os escritos de Van Eyck são, em certo sentido — no sentido correto, espero —, um catálogo de seu próprio museu mental (ou de um museu de sua própria mente). Ainda que Van Eyck seja o autor dos textos, é preciso destacar que ele não era o único curador de tal museu. Ao menos parte desse museu imaginário era também de Hannie van Eyck-van Rooijen. Ela cumpriu o importante papel, embora por muito tempo não tenha recebido o merecido destaque, de companheira, esposa e arquiteta — papel que só veio a ser reconhecido oficialmente em 1983, quando o trabalho passou a ser creditado a Aldo e Hannie van Eyck. Com efeito, foi Hannie van Eyck quem desenvolveu, por exemplo, o conceito de horizonte interior, muito utilizado por Aldo, tanto nos trabalhos da dupla quanto nos textos de autoria dele, para indicar uma horizontalidade que nos orienta em um espaço interno complexo.

Os escritos de Van Eyck são, em muitos aspectos, como seus edifícios, projetados para um lugar específico e para uma ocasião específica, mas não restritos a tais circunstâncias. Nesse sentido, a arquitetura dos Van Eyck é paradoxal. A despeito da afirmação de Van Eyck de que "por maior que seja a importância do espaço e do tempo, o lugar e a ocasião importam mais", a arquitetura de Aldo e Hannie tem o efeito oposto: justamente por ser pensada para circunstâncias específicas, possui a capacidade de alcançar um significado mais amplo, talvez até mesmo universal. *Mutatis mutandis*, a lógica se aplica também aos escritos de Aldo. Seu texto sobre Bo Bardi fala tanto sobre a arquitetura dela quanto sobre a arquitetura dele, sobre ele próprio e sobre sua visão de mundo.

Da mesma forma que a arquitetura dos Van Eyck jamais se configura como mera solução prática para um dado problema, os escritos de Aldo jamais se configuram como meras descrições. Eles trazem um posicionamento, e são oportunidades de lançar luz sobre pontos de vista, expor ideias, construir histórias em holandês (sua língua materna) e inglês (a língua que aprendeu na Inglaterra, onde cresceu), seja de forma alternada, seja paralelamente, quando Van Eyck discorre sobre um mesmo tema nos dois idiomas.

Em "The Writings of Aldo van Eyck: A modernist sensibility introduced into architecture" [Os escritos de Aldo van Eyck: Sensibilidade modernista introduzida na arquitetura], tese de doutorado de 1985, o autor, P.D.E. Clarke, referindo-se ao manuscrito de 1962 de *The Child, the City and the Artist* [A criança, a cidade e o artista],[2] diz que este se trata de

> uma coletânea fragmentada de ensaios [...], muitos deles versões adaptadas ou traduções livres (feitas pelo próprio Van Eyck) de material já publicado. Nisso, a coletânea apresenta um traço típico dos textos de Van Eyck como um todo, uma vez que geralmente incluem não somente uma colagem de citações de seus artistas favoritos, como também expressões ou "citações" extensas de escritos anteriores, quase sempre revistos para se adaptarem ao novo contexto; alguns dos textos apareceram inúmeras vezes, ordenados de formas variadas, em diferentes publicações.

No entanto, em seguida, ele salienta que os escritos não devem ser desmerecidos, como se "não passassem de uma série de fragmentos dispersos, extremamente

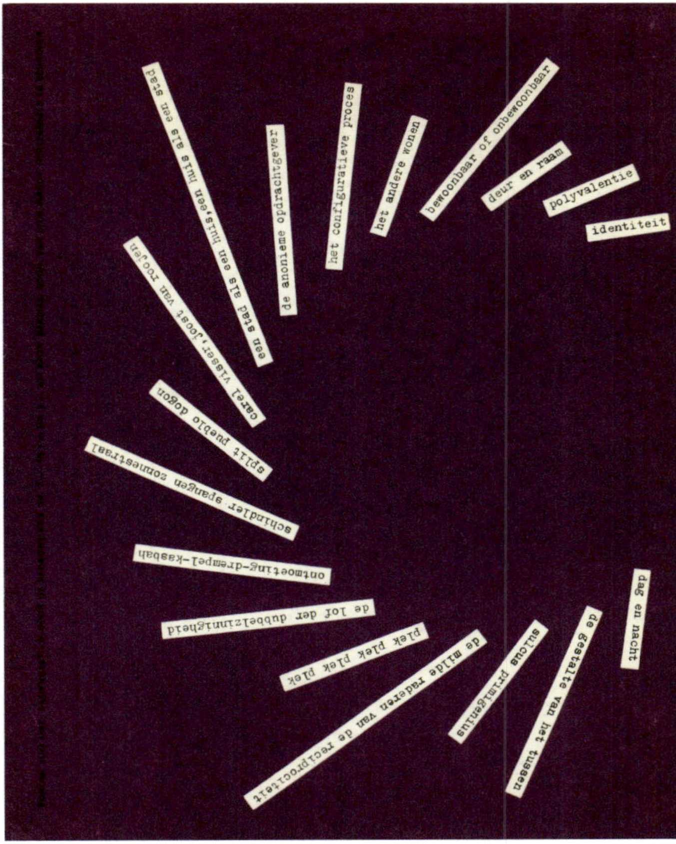

[fig. 2]

Capa da revista *Forum* nº 7, a primeira realizada pela nova equipe editorial, *The Story of Another Idea* [A história de outra ideia], 1959. Esta capa foi usada novamente no último número da revista, em 1967, com outros textos na composição.

[fig. 3]

Capa da revista *Forum* nº 8, *The stalled of the in-between* [A paralisação do "entre"], 1959.

sugestivos". Clarke argumenta que "eles apresentam uma forma característica e coerente de pensar a arquitetura. Essa forma de pensar não é construída texto por texto, como argumentos adicionados ou sequenciados. Pelo contrário, a densidade poética de cada texto contém toda a história, observada cada vez de uma perspectiva diferente". Este "cada texto contém toda a história" ressalta a conexão árvore-folha [*tree-leaf*] no trabalho dos Van Eyck, em que a parte pelo todo é espelhada no todo pela parte.

Um exemplo dessa densidade poética abrangente pode ser visto no trecho inicial de "Anna was, Livia is, Plurabelle's to be" [Anna foi, Livia é, Plurabelle será] (1966), pequeno texto escrito por Van Eyck e publicado na última edição da *Forum*, de julho de 1967:

> À medida que o passado é reunido no presente e o corpo, concentrado de experiências, encontra um espaço na mente, o presente adquire profundidade temporal — ele perde sua instantaneidade pungente, sua qualidade de lâmina. Trata-se de algo que poderíamos chamar de: interiorização do tempo ou tempo tornado transparente.
>
> A meu ver, passado, presente e futuro devem operar no interior da mente como um *continuum*. Caso contrário, irá faltar aos artefatos que produzimos profundidade temporal e sentido associativo. Minha preocupação com a legitimidade irrevogável dada a conceitos divergentes — embora muitas vezes apenas aparentemente incompatíveis — de espaço e soluções circunstanciais, ou incidentais

> encontradas durante épocas passadas em diferentes partes do mundo, deve ser entendida à luz do que foi exposto acima.
>
> É chegada a hora de reconciliá-los, de unir o sentido humano essencial dividido entre eles. Afinal de contas, o homem vem se acomodando fisicamente neste mundo há milhares de anos. Seu talento natural não se tornou nem melhor nem pior ao longo desse tempo. É certo que a totalidade dessa enorme experiência ambiental não pode ser contida no presente, a não ser que condensemos o passado, isto é, todo o esforço humano, para que caiba no presente. Não se trata de tolerância histórica em um sentido restrito; não é uma questão de viajar para o passado, mas tão somente de estar ciente do que "existe" no presente — do que viajou até ele: a projeção do passado no presente por meio do presente concebido [...].

Para Van Eyck, passado, presente e futuro, o fragmento e o todo, eram essencialmente parte do mesmo, assim como não havia para ele diferença fundamental entre as próprias palavras e imagens e as palavras e as imagens de outros. Eram todas igualmente essenciais para sua construção de mundo e para ilustrar e reafirmar a visão de mundo dele (deles): suas palavras, seus desenhos, diagramas e fotos existem em um *continuum* com as imagens dos seus projetos arquitetônicos feitas por fotógrafos com os quais tinha afinidade, como Violette Cornelius, com o verso de um poeta, o aforismo de um artista, a formulação de um filósofo ou a reprodução de uma obra de arte.

[fig. 4]

Matéria sobre o conceito de "espaço entre" de Aldo van Eyck na revista *Forum* nº 8, 1959.

[fig. 5]

Capa da revista *Forum* nº 12, *Day and Night* [Dia e noite], 1959/1960.

Até aqui tenho falado sobre os "escritos de Van Eyck", mas isso é muito vago, se não enganoso, pois a representação em imagens é igualmente importante e inseparável da palavra escrita. Van Eyck considerava as imagens não como meras ilustrações; por vezes as chamava de iluminuras, para ressaltar que o propósito delas era lançar luz sobre ideias. Nesse sentido, ele "iluminava" suas próprias palavras. Isso funcionava ainda melhor por meio do poder mutuamente fortalecedor das associações entre palavras e imagens. As "associações palavra-imagem", como ele as nomeou em 1959, eram baseadas em uma equivalência instável entre duas mídias nunca totalmente compatíveis entre si, que ele usava para iluminar as ideias.

Não à toa, no primeiro ano como editor da *Forum*, Van Eyck escreveu que a terceira edição da revista havia interrompido temporariamente "o movimento das associações palavra-imagem das duas [edições] anteriores para permitir que a imaginação do leitor tomasse o próprio rumo". Em outras palavras: as associações entre palavras e imagens nas duas primeiras edições haviam sido construídas como uma diretriz, e não simplesmente deixadas à interpretação do público. As "associações palavra-imagem" não são como um teste de Rorschach, no qual cada um vê o que quer ver. Na realidade, as imagens agregam uma iconografia claramente definida — por vezes intencionalmente ambígua — às palavras do autor.

Dada a preferência pelo termo "iluminura", é natural considerar os escritos de Van Eyck versões contemporâneas dos manuscritos iluminados, com texto e imagens formando um todo inseparável (do mesmo modo, a reescrita incessante de seus próprios textos apresenta uma analogia impressionante com a diligente atividade de cópia de manuscritos). Por conta desse entrelaçamento entre texto e imagem, não é de espantar que Van Eyck geralmente insistisse em ter completo controle sobre a publicação de seus trabalhos. Era comum que tentasse opinar sobre a forma como suas obras arquitetônicas apareceriam no papel impresso, por vezes chegando a ponto de determinar o layout das páginas. Um exemplo representativo aconteceu em 1989, quando os editores do anuário *Architecture in the Netherlands* [Arquitetura na Holanda] decidiram publicar o edifício do Centro Europeu de Investigação e Tecnologia Espacial (Estec), em Noordwijk (quando o projeto ainda não havia sido concluído). Van Eyck se dispôs a cooperar com a condição de que ele conceberia o projeto de *suas* páginas e faria as próprias iluminuras, libertando-se das restrições impostas pelo projeto gráfico do anuário.

A publicação feita na ocasião do Maaskant Prize, prêmio de arquitetura concedido a Van Eyck em 1982, é outro caso que ilustra esse modo de proceder. O livro, que estampa um título intencionalmente ambíguo — sem iniciais maiúsculas —, *niet om het even, wel evenwaardig* [nem tudo é igual, mas equivalente], credita o designer gráfico Henry Cannon e o próprio Van Eyck como criadores/autores.[fig. 8] A obra apresenta um amontoado de elementos como um caderno de anotações caótico, uma coleção de fragmentos ou uma coleção fragmentada de: entrevistas feitas por Francis Strauven com pessoas importantes na vida de Van Eyck; uma seleção de seus textos, formatados em diferentes fontes ou escritos à mão; fotos, desenhos, diagramas e esboços de suas obras arquitetônicas; e uma miríade de referências visuais e textuais.

[fig. 6]

Diagrama para a revista *Forum* nº 5, *Gisteren morgen* [Ontem amanhã], 1960/1961.

[fig. 7]

Capa da revista *Forum* nº 5, *Het andere wonen* [O outro vivendo], 1962.

O subtítulo do livro — que é um híbrido de monografia, manifesto e *liber amicorum* — é *by and about aldo van* [por e sobre aldo van], mais uma vez sem iniciais maiúsculas. Esse subtítulo revela que, no universo de Van Eyck, a distinção entre aquilo que é dele e aquilo que é sobre ele pouco importa, na medida em que tudo lança luz sobre o que é relevante para ele. É somente por meio da união caleidoscópica de tudo ao mesmo tempo, o tempo todo, que se torna possível vivenciar seu museu mental por completo.

"Nem tudo é igual, mas equivalente" se aplica também à relação entre as imagens e as palavras de Van Eyck (assim como às palavras e imagens de outros), e ao fato de que seu holandês nunca se apresentava como tradução literal de seu inglês (e vice-versa). Suas palavras e suas imagens eram como uma legião de gêmeos siameses, mutuamente dependentes, incompletos sem o outro.

As imagens de Van Eyck são tão potentes quanto suas palavras são expressivas, mas as verdadeiras imaginações narrativas e as histórias imaginativas que representam só são inteiramente reveladas quando as palavras e as imagens se unem, por meio das técnicas dos movimentos de vanguarda do período entreguerras (que inspiraram e estimularam Van Eyck profundamente), tais como a colagem, a assemblagem e o readymade. Essas técnicas permitiram aos seus escritos iluminados alcançar uma indeterminação intrigante, ainda maior que a vista na arquitetura dos Van Eyck, a qual, apesar de complexa, sempre manteve uma ordem formal e uma unidade estilística.

Por outro lado, as palavras e as imagens de Van Eyck jamais falam a mesma língua, assim como seu inglês e seu holandês nunca transmitem o mesmo significado. Por isso, os escritos iluminados de Van Eyck possuem uma riqueza que a arquitetura dos Van Eyck não tem, nem poderia ter, visto que está sujeita a um sem-número de demandas de ordem prática e, ainda, à lei da gravidade.

A vigésima e última edição da *Forum* (julho de 1967), organizada por Van Eyck e seus companheiros, se inicia com uma extensa citação (em alemão) do físico Werner Heisenberg. A citação inclui a seguinte frase crucial: "Quando nos referimos à imagem da natureza própria das ciências exatas do nosso tempo, não estamos tratando da imagem da natureza em si, mas, sim, da *imagem da nossa relação com a natureza*." Seguindo o entendimento de Heisenberg, as palavras e imagens da produção escrita de Van Eyck não são formas de representação de sua arquitetura, mas formas de representação da sua relação com a arquitetura.

Todas essas palavras e imagens habitam o museu sem paredes de Aldo van Eyck, como as pinturas de Bo Bardi no MASP e como as partículas atômicas de Heisenberg: indetermináveis quanto à sua posição, mas inegavelmente presentes, deixando o observador livre para inferir o que é arquitetura para ele.

[fig. 8]

Capa do livro *niet om het even, wel evenwaardig* [nem tudo é igual, mas equivalente], de e sobre Aldo van Eyck, publicado pela Uitgever Van Gennep, 1983.

1
Este texto foi originalmente publicado em Bardi, Lina Bo; Van Eyck, Aldo. *Museu de Arte de São Paulo*, Editorial Blau, 1997; e, posteriormente, em Van Eyck, Aldo. *Aldo van Eyck: Writings* (vol. 2: *Collected Articles and Other Writings, 1947-1998*). Ligtelijn, Vincent; Strauven, Francis (orgs.). Amsterdam: SUN, 2008, pp. 637-41.

2
Este manuscrito de 1962 só veio a ser publicado em 2008. Ver: Van Eyck, Aldo. *Aldo van Eyck: Writings* (vol. 1: *The Child, the City and the Artist: An Essay on Architecture, the In-Between Realm*). Ligtelijn, Vincent; Strauven, Francis (orgs.). Amsterdam: SUN, 2008.

I-VI

TEATRO OFICINA
São Paulo
Projeto de Lina Bo Bardi e Edson Elito, 1980-93

VII-X

CASA DO BENIN
Salvador, Bahia
Projeto de Lina Bo Bardi, Marcelo Ferraz e Marcelo Suzuki, 1986-88

XI-XII

CASA DO OLODUM
Salvador, Bahia
Projeto de Lina Bo Bardi, Marcelo Ferraz e Marcelo Suzuki, 1986-88

XIII-XV

TEATRO GREGÓRIO DE MATTOS
Salvador, Bahia
Projeto de Lina Bo Bardi, Marcelo Ferraz e Marcelo Suzuki, 1986-88

11

IV

VI

VII

IX

XI

AFROBRASILIANISCHE NÄCHTE
300 ANOS

XIII

XIV

XV

I, V

Fotos: Marcelo Ferraz

II, III, VI, VIII, IX, X, XII-XIV

Fotos: Aldo van Eyck

VII, XI, XV

Fotos: Paul Meurs

PARA LINA, BRINCANDO NA BEIRA DA ESTRADA

LIGIA NOBRE

Dialogo contigo agora, Lina. Da minha voz, que ela saia inteira, e seja forjada nesse dizer, pois é esse o caminho. É esse o caminho que você me faz ver, ao propor essa *Cadeira de beira de estrada*. Me faz ver que o esperar, sentar, brincar são movimento. Que, sim, o descansar faz parte do caminho. Que essa cadeira não está numa sala de jantar, num quarto, num ambiente fechado, ou mesmo numa rua urbana. Ela está na mata e foi feita da mata, com a mata, situada numa beira de estrada de terra aberta. Você está na mata, Lina, diante dessa estrada aberta por humanos "modernos" e suas máquinas. Mas, ainda assim, você está na mata, Lina. E entrelaça os galhos de ipê com cipó (ou, talvez, amarras de couro), compondo esse campo de forças.

Nessa cadeira de beira de estrada, na mata, você (re)pousa e posa, e brinca. Mas o repouso-pose não se faz totalmente entregue.[fig. 1] É necessário um corpo atento, dialogando com a cadeira. Atento e, me parece, um corpo tenso. Mas também esse repouso-pose pode ser um movimento de confrontar o desconforto, ou melhor, de experienciar "o conforto no desconforto", como diz a coreógrafa Andrea Bardawil,[1] no tempo desse diálogo, dessa fricção, dessa espera em movimento. Pois é um corpo que (re)pousa e posa, que não pode se entregar totalmente… ciente (ou não) de que tensionar desfaz a experiência prazerosa do pausar, do gingar e dançar.

Então a encontramos também brincando, pendurada na cadeira, segurando-se com as mãos na estrutura vertical em V invertido, para permitir um balanço corporal entre o corpo, a cadeira e o chão, num equilíbrio em movimento, com um sorriso no rosto e a bunda no chão como "uma fruta que cai de uma árvore".[fig. 2] É um corpo que, ao se entregar e relaxar, se reclina para o chão e brinca nesse balançar, e me lembra que a vida é dança entre o se lançar e o saber esperar, entre jogar e brincar. Dessas danças, desses jogos e lutas, me parece, você conheceu muita coisa…

Está na mata, Lina. Me pergunto em que mata está nessas fotos? Em São Paulo? Na Bahia? É *Nhé'ery*,[2] para os povos originários Guarani. E essa cadeira reconhece que o chão não é plano, é montanhoso, é terra em movimento. Na triangulação dos paus, o terceiro se adapta e reequilibra em diálogo com esse chão de terra e plantas. Não há uma superfície para sentar ou recostar. Em alguns croquis seus, no acervo do Instituto Bardi, tem uma versão dessa cadeira com rede como apoio para encostar o corpo (*Cadeira para sol e piscina*) — mas aí seria uma experiência outra. Aqui, há somente a estrutura de linhas-galhos em tripé.[3] E essa cadeira de beira de estrada me lembra, então, que com três ou quatro paus-galhos de árvores (e cordas ou cipós)[4] se faz uma cabana, uma canoa, uma cadeira, uma pirâmide, uma nave, uma fogueira, se faz uma vida, o brincar e o jogar, e o pausar.

Interessa-me, aqui, uma aproximação com essas duas fotografias, em branco e preto, de autoria desconhecida, ambas registradas em um mesmo dia de 1967, você em seus 52 ou 53 anos de vida, já de volta a São Paulo, às vésperas da inauguração da nova sede do Museu de Arte de São Paulo (MASP), em 1968-69, após sua experiência transformadora na Bahia, vestida de preto, sentada nessa cadeira à beira de uma estrada, à beira dessa mata. Uma aproximação dessas suas duas experiências diversas do seu corpo na cadeira dão a ver, me parece, suas experiências e seus experimentos de ludicidade e de jogo.

É justamente no descompasso da aproximação dessas duas experiências-fotografias — a de jogar-posar (em que me parece estar mais retesada do que descansada), em que você repousa as costas e direciona a cabeça para a estrada e as árvores ao longe, em posição contrária ao olhar da câmera (e portanto oposta às outras possíveis testemunhas dessa imagem), e a de brincar-gingar (mais entregue e relaxada), em que você sorri para a câmera (nessa outra fotografia menos vista pelo público), em que se vislumbra a sua potência de "experimentar as possibilidades" a partir dessa cadeira de beira de estrada, "abrindo para multiplicidades inesperadas", como observou Ana Godoy em meu diálogo com ela também. Potência presente em várias de suas experiências, dos sertões e litorais, das matas e das cidades — seja Roma ou Milão, São Paulo ou Salvador —, e de seus mobiliários, exposições, pedagogias, curadorias, peças de

[fig. 1]
Lina em sua *Cadeira de beira de estrada*, 1967.

[fig. 2]

Lina em sua *Cadeira de beira de estrada*, 1967.

teatro, escritas e arquiteturas. Experimentações e experiências que convidam seus interlocutores, testemunhas, e públicos diversos a se abrirem e a aprenderem, de maneira lúdica e coletiva, a ver, a conviver e a desdobrar essas dimensões do brincar-gingar e do jogar-posar e (re)pousar.

Como se na beira entre o brincar e o jogar, entre a atenção e a tensão, entre a mata e a cadeira, entre o moderno e o vernacular, entre o interior e o exterior, você buscasse abrir caminhos, estradas, ruas e vãos como potências de acolhimento e provocação. Penso na rua interna ou na área de convivência do Sesc Pompeia e no vão livre do MASP (à beira da mata do Parque Siqueira Campos) como aberturas que seguem pulsantes até hoje como dimensões aglutinadoras coletivas, nessa metrópole tão paradoxal e violenta que é São Paulo. "Pequena alegria numa triste cidade",[5] você observou em relação ao Sesc Pompeia, mas que já existia como desejo e semeadura no MASP, ainda que, como sugere o arquiteto Zeuler Lima, você própria parece "nunca ter se beneficiado inteiramente do bem-estar que criou para os outros".[6] Pois saiba, Lina, que mesmo décadas após sua partida, nesses chãos de batalhas (*battlegrounds*) continuadas que é habitar essa metrópole, esses seus gestos de abrir esses caminhos — em tentativas às vezes vãs de recalibrar o jogo-luta-pose controlador e o lúdico mais espontâneo — seguem inspirando e possibilitando chãos comuns de brincar e jogar (*playgrounds*), com dignidade e curiosidade.

Então é brincando na beira da estrada que te escrevo esta missiva, como que para me (re)lembrar quanto a dimensão do erótico e do lúdico no cotidiano é vital, entre a familiaridade e a surpresa.[7] Ou, como escutei recentemente o neurologista Andrew Huberman[8] situar o *play* [brincar] como uma "exploração de contingências", em uma relação entre focar e descansar, em que podemos explorar (não importa a idade!) dinamicamente diferentes formas e tipos de papel, nos divertindo.

Quando fomos convidados, O grupo inteiro (Carol Tonetti, Claudio Bueno, Vitor Cesar e eu), para participar como artistas da exposição Playgrounds 2016,[9] começamos pensando em uma releitura da sua *Grande vaca mecânica* (1988) móvel, que eu amo, como dispositivo de mediação para a exposição. Mas, afinal, quem passou pela estrada, naquele momento, não foi uma vaca e sim um ônibus. E como num nó temporal, é como se o ônibus finalmente chegasse àquela estrada à beira da qual você estava esperando sentada na cadeira, convocando um protagonismo coletivo de reapropriação e experimentação lúdica de infraestruturas urbanas, a exemplo do ônibus, assim como quem interage brincando e jogando com as árvores, na mata ou como você, ali, com a cadeira.

Nessa metrópole tão desigual e privatizada, a dimensão pública passa muito pela (i)mobilidade e as dificuldades de acessibilidade ao transporte coletivo público e pelas manifestações públicas nas últimas décadas, que muitas vezes se congregam justamente na avenida Paulista a partir do vão livre do MASP. Em diálogo com uma das curadoras da exposição, Luiza Proença, então responsável também pela equipe de Mediação e Programas Públicos, interessava-nos justamente a possibilidade de ampliar os significados e os usos dessa questão-chave da mobilidade e do movimento no cotidiano da cidade, que pudesse abrir para experimentações lúdico-pedagógicas e possibilidades de convivência por múltiplos corpos, a partir desse elemento-chave específico de São Paulo: o ônibus, também nomeado “condução”. Se a sua *Cadeira de beira de estrada* estava na mata, nossa proposição artística *Condutores* estava no salão cívico do museu ou no segundo subsolo, juntamente com outros cinco trabalhos artísticos (sendo dois deles presentes também no vão livre e outro no primeiro subsolo).[fig. 3]

Condutores seguiu o caminho de um devir-trepa-trepa, integrando esse chão comum da exposição Playgrounds 2016 como um dispositivo de mediação do museu com seus visitantes e os estudantes de escolas públicas e privadas. Não aludiu a uma apropriação vernacular como na sua *Cadeira de beira de estrada*, mas, sim, a uma espécie de reapropriação “industrial-artesanal” da estrutura interna de um ônibus urbano de São Paulo. A estrutura tubular aramada amarela e interna de um ônibus foi transportada para o museu, posicionada na mesma direção da avenida 9 de Julho (projetada abaixo) — eixo viário e de corredor de ônibus de conexão norte-sul importante da metrópole, que, sabemos, também foi determinante para a sua escolha projetual do museu.

Se o trepa-trepa (*jungle gym*, em inglês) nos playgrounds existentes trazem justamente a dimensão da experiência de subir em árvores, provocando a consciência das capacidades e dos limites de cada corpo e de cada árvore, pendurando-se de diversas maneiras e “explorando as contingências”, para nós, d’O grupo inteiro, *Condutores* buscou dialogar com a dimensão pedagógica cultural-política tão cara à sua prática, Lina, com Pietro, e ao MASP, da vida como uma jornada e uma aprendizagem continuada, calibrando o conduzir e o ser conduzida, convocando a sermos “condutores” de nossa vida a cada pequeno gesto e decisão, seja brincando e/ou jogando. Se a sua *Cadeira* estava à beira da estrada

[fig. 3]

Condutores, d'O grupo inteiro, na exposição Playgrounds 2016, MASP, 2016.

na mata, nossa proposição artística *Condutores* também estaria como que pulsando nas ruas da cidade, como potencial reapropriação cotidiana da estrutura de um ônibus pelos corpos transeuntes, para brincar e jogar de maneiras outras à regra protocolar, e como questionamento político de quem conduz o quê e quando nos jogos de forças em curso. Portanto, buscamos participar dessa dimensão do "museu como playground",[10] mas também das possibilidades de ativação do lúdico pulsante na experiência cotidiana de (i)mobilidade na vida urbana, por meio de uma ampliação da dimensão experimental nas esperas e nos movimentos cotidianos, entre o conhecido e o desconhecido.

Playgrounds 2016 remete diretamente à mostra individual Playgrounds,[11] do artista Nelson Leirner, no Belvedere (ou vão livre) na época da inauguração da nova sede do MASP na avenida Paulista, em 1969, como você certamente se recorda, nessa vontade sua e de Pietro M. Bardi por um museu "enquanto instituição e escola" em diálogo aberto "com a cidade e a vida coletiva".[figs. 4, 5] Nesse sentido, Proença refletiu em seu texto para a publicação da exposição de 2016 sobre as possibilidades atuais "de uma aproximação com o museu gradual e por outras vias",[12] propondo "um revezamento de agentes mediadores, entre instituição, obras e seus públicos, que como num jogo assumem tanto as funções de participantes como de propositores, de orientandos e orientadores, de conduzidos e condutores. Parece ser por essa via de troca e aprendizado mútuo, pela criação de situações e não de programas, que um museu popular, ou *do povo*, seja possível".[13] Paradoxalmente, quase cinco décadas depois, em um outro nó temporal, a edição da exposição de 2016 também "reviveu uma época de agitação política, com ares de intolerância e autoritarismo, que remetia a 1969",[14] como nos lembra a arquiteta Carol Tonetti. E, diante de pulsões violentas de morte, nas (co)incorrências da história brasileira, em *battlegrounds*, é como se ambas as situações — a mostra e a exposição coletiva — de Playgrounds reforçassem a potência da ludicidade como ato político (consciente ou não) e da aprendizagem mútua, assinalando a importância vital da alegria, do brincar e jogar, do esquivar e gingar, nas lutas pelo comum.

Se o playground pode ser considerado uma "arena das primeiras experiências institucionalizadas e realmente 'públicas' de pequenos sujeitos",[15] penso também nas transformações sociais radicais no arco temporal entre essas duas experiências-exposições-mediações: do aumento dos regramentos do uso e de uma busca por máxima segurança nos protocolos e nos brinquedos e no saber dos corpos. Como se na própria migração-tradução do uso da palavra em português "parquinho" para o inglês "*playground*" dos anos 1960/70 para os dias atuais, uma dimensão inventiva, precária e simples de inventar brincadeiras e brinquedos, de experimentar e se machucar, aprender a cair e a se levantar, de se relacionar coletivamente e mais livremente dos parquinhos nas praças de bairros da cidade, se institucionalizasse e enrijecesse nos playgrounds dos condomínios e shopping centers, num maior policiamento e controle, num uso mais regrado familiar e nas terceirizações das responsabilidades das ações.

E volto, então, às suas duas fotografias com a *Cadeira de beira de estrada* para tentar buscar o que se abre em seus experimentos de ludicidade como experiências possíveis para as gerações futuras também.

[figs. 4, 5]

Vista da exposição Playgrounds, do artista Nelson Leirner, no vão livre do MASP, por ocasião da inauguração, para o público, do museu na avenida Paulista, 1969.

Atenta ao seu próprio paradoxo entre o desejo de liberdade coletiva e a pulsão de imposição de regras cotidianas em sua arquitetura, pergunto se mesmo nas áreas de convivência do Sesc Pompeia ou na experiência recente da exposição Playgrounds 2016 no MASP, por exemplo, prevalece mais uma potencialidade de ludicidade visual do que o brincar explorativo do corpo, por conta também das transformações dos protocolos institucionais e das leis e regras de uso em jogo e das experiências dos corpos implicados. Vejo na aproximação dessas duas fotografias-experiências justamente os paradoxos das dores e delícias do seu brincar sozinha e do seu jogar coletivamente, faz sentido? E me afasto da dimensão da sua fotografia de posar-controlar, a fim de me inclinar para as possibilidades abertas pela outra fotografia do movimento de balançar-brincar, com seu corpo que subverte o *modus operandi* ocidental da cadeira afastada do chão, se reaproximando da terra (em ressonância com diversos modos de vida indígenas, caipiras e afro-brasileiros-pretos) como invenção e multiplicidade de comunidades e mundos outros, com a mata, como possibilidades de conduzirmos nossa vida com mais movimento, ludicidade e corresponsabilidade, continuamente praticadas.

Saudações e gratidão,
L.

Nota da autora: Muito grata pelos apoios vitais e os diálogos afetivos que tornaram possível a feitura deste texto: Luiza Proença, Ana Luiza Nobre, Raphael Daibert, Cadu Marino, Ada Hennel, Claudio Bueno, Vitor Cesar, Carol Tonetti, Jean-Lou Majerus, Andrea Bardawil, meus pais, Ana Maria e Tácito Nobre, Ana Godoy, Gabriela Burkhalter e aos editores Isabel Diegues e Jorn Konijn pelo convite e interlocuções.

1
Bardaweil, Andrea. "A construção poética do visível". Ver mais em: https://www.instagram.com/andreabardawil.

2
Como os Guarani chamam a Mata Atlântica, "Onde os espíritos se banham".

3
Em um trabalho artístico recente a partir da *Cadeira de beira de estrada* (1967), a artista Fernanda Fragateiro observou: "É sempre referida a forma espontânea como esta cadeira surge: feita com quatro paus que [Lina] encontrou no caminho, enquanto esperava pelo ônibus" ("Conversa entre Fernanda Fragateiro e Paulo Tavares". In: *Só é possível se formos 2*, catálogo. Camões: Centro Cultural Português em Brasília, 2021, p. 25); a cadeira como assento para essa espera prolongada e precária pelo ônibus, pelo transporte coletivo na rotina da vida rural no Brasil de outrora (parte do modelo desenvolvimentista-automobilístico-extrativista do século XX nos trópicos). Espera que pode ser criativa ou exaustiva, violenta ou calma. Contudo, como Fragateiro atenta também, esse discurso da sua criação espontânea sua da cadeira, sem referências, tem sido colocado em jogo mais recentemente, referindo-se à tese de doutorado de Cristina Garcia Ortega ao encontrar documentos de dois artefatos vernaculares muito similares, em meio aos croquis e notas dessa cadeira criada por Lina Bo, no Acervo do Instituto Bardi: uma imagem de uma revista com duas crianças sentadas relaxadas em estruturas idênticas à cadeira de Lina em algum lugar em África (que infelizmente não foi identificado), e um tear do povo indígena Enawenê-Nawê (na região de Mato Grosso para os brancos) (Ortega, Cristina G. *Lina Bo Bardi: Móveis e interiores (1947-1968) – interlocuções entre moderno e local*. FAUUSP, 2008, pp. 171-7). Assim como o nó que amarra o tripé dessa cadeira, Lina também "deu um nó na arquitetura brasileira", como apontou o arquiteto Paulo Tavares em diálogo com Fragateiro, "sobretudo porque seu olhar singular, etnográfico e feminino para a questão das artes populares não ocidentais introduz uma agenda completamente diferente no panorama da valorização do tropical/nacional do modernismo brasileiro e latino-americano das gerações anteriores" (Tavares, Paulo; Fragateiro, Fernanda. Ibid., p. 30). Essa apropriação do vernacular, que não era nem um pouco ingênua, também permeou as práticas de muitos arquitetos e artistas no século XX, e foi muito presente na jornada de Lina, na aproximação gradativa com a natureza e no processo de simplificação. (Ver também o projeto *Bauhaus Imaginista*, em São Paulo, e o ensaio de Luiza Proença. Disponível em: https://www.bauhaus-imaginista.org/.)

4
Ver também *Projeto Terra* (1980), do artista Juraci Dórea, na Bahia.

5
Lima, Zeuler R. M. de A. *Lina Bo Bardi: O que eu queria era ter história*. São Paulo: Companhia das Letras, 2021, p. 351.

6
Ibid., p. 379. "Ao conceber, na maturidade, edifícios que a fizeram conhecida como uma arquiteta de grande originalidade, ela projetou para o exterior um mundo que queria aberto, caloroso e acolhedor, compensando sua realidade interna, de difícil acesso, que se fazia sentir vazia e inabitável. Apesar de sua generosidade criativa, Lina Bo Bardi poucas vezes chegou a se beneficiar do aconchego e da alegria que imaginou com tanta esperança para os outros" (ibid., p. 239),

nesse contraste também seu de que "apesar de todo o discurso sobre inclusão e liberdade, ela queria impor regras para o dia a dia no centro" (ibid., p. 341).

7
Como propõe a psicóloga Esther Perel em "Brené with Esther Perel on Partnerships, Patterns, and Paradoxical Relationships", 22 set. 2021, Podcast *Unlocking Us with Brené Brown*. Disponível em: https://open.spotify.com/episode/4yYdCMNKI83j0fhtHCOfCp?si=PelH_9ncTomLo-7jyVNZZQ. Acesso em: 19 fev. 2022.

8
Huberman, A. *Using Play to Rewire & Improve Your Brain*, Huberman Lab Podcast #58. Disponível em: https://www.youtube.com/watch?v=BwyZIWeBpRw. Acesso em: 18 fev. 2022.

9
Inaugurando uma nova fase do museu e como atualização das exposições do período da inauguração do museu, em 1968-69, concomitante à exposição A Mão do Povo Brasileiro e à abertura da Pinacoteca com os cavaletes de vidro, tríade que guiou a nova direção do MASP a partir de 2015. Playgrounds 2016, curadoria de Adriano Pedrosa, Julieta González, Luiza Proença. Artistas: Céline Condorelli, Ernesto Neto, Grupo Contrafilé, O grupo inteiro, Rasheed Araenn, Yto Barrada. MASP, 18 mar.-24 jul. 2016, Sesc Interlagos 20 ago.-4 dez. 2016, São Paulo.

10
González, J. "A arquitetura de *playgrounds*: Da lógica do espaço à lógica do lugar". In: *Playgrounds 2016*. São Paulo: MASP, 2016, p. 28.

11
Playgrounds, de Nelson Leirner, reuniu "aproximadamente 30 trabalhos que instigavam a interação por meio da manipulação dos objetos ali dispostos e convidavam o público passante a se envolver com a exposição, reforçando o caráter de extensão da rua exercido pela continuidade do piso que se expande sob o MASP" (Tonetti, A.C. "Intersecções entre arte e arquitetura: Práticas espaciais críticas". Tese de doutorado, FAUUSP, 2020, p. 184), enfatizando justamente a intenção de o vão livre ser ocupado "para reuniões populares, exposições ao ar livre e concertos gratuitos. Nada mais", como Lina Bo demarcou na sua missiva a Burle Marx (Lina, apud Pisani. In: Tonetti, A.C. Op. cit., p. 180).

12
Proença, L. "Mediação no MASP, mediação como jogo". In: *Playgrounds 2016*. São Paulo: MASP, 2016, p. 15.
Como ressaltou a arquiteta Carol Tonetti, "diante das questões levantadas por Proença, Playgrounds [2016] apresentava uma importante oportunidade de se repensar processos de mediação, a partir de uma pesquisa que revisitava os repertórios engendrados pelo MASP, em seu importante período de formação, enquanto, ao mesmo tempo, procurava construir novos repertórios e práticas coletivas de caráter público e em diálogo mais próximo com as ruas" [...] "Um desafio que, segundo a curadora, foi melhor correspondido por um trabalho como os desdobramentos de *Rebelião das crianças* (2005-), do Grupo Contrafilé – projeto que o grupo vem realizando desde 2005 como uma plataforma para pensar o papel da criança e do jovem na construção do comum e da 'vida urbana', e que foi pensado a partir do contexto da exposição e de uma compreensão da abrangência da brincadeira" (Tonetti, A.C. Op. cit., p. 196).

13
Proença, L. Op. cit., p. 19.

14
Tonetti, A.C. Op. cit., pp. 190-1.

15
Buergel, R. "Peter Friedl Playgrounds 1995-2005", publicado no catálogo da exposição How Do We Want to Be Governed? Figure and Ground. Miami Art Central, Miami, 2004. Tradução para o português de Alfred J. Keller para o encontro com o artista Peter Friedl em jun. 2005, parte do Projeto *São Paulo S.A.*/exo experimental org., São Paulo.

MARCOS DA HUMANIDADE
Aldo van Eyck e a função do brincar em uma cidade humana

GABRIELA BURKHALTER

Quando Aldo van Eyck assumiu um cargo no Departamento de Obras Públicas de Amsterdam, em 1946, foi inicialmente designado para desenvolver projetos convencionais para o plano de expansão urbana, em execução na época. No entanto, ao perceber que Van Eyck não estava se adaptando às tarefas, Jakoba Mulder, sua superiora imediata, deixou que ele trabalhasse no projeto de um playground da Bertelmanplein, praça no sul da cidade.[1]

Entre 1880 e 1947, o cenário da recreação para crianças em Amsterdam passou por profundas modificações. O primeiro parque infantil sob supervisão privada foi aberto em 1880, uma estrutura que se assemelhava a uma prisão, onde as crianças podiam brincar de forma segura, protegidas dos perigos de uma cidade industrializada e superpopulosa. Os parques eram administrados pela Amsterdam Speeltuinen Verbond

[Associação dos Parques Infantis de Amsterdam], sendo a entrada restrita aos associados. Cinquenta espaços dessa natureza foram construídos na cidade até a Segunda Guerra Mundial. Em 1920, a prefeitura já buscava novos conceitos de recreação pública, como as caixas de areia — estas, no entanto, logo se mostraram anti-higiênicas. Com o plano de expansão urbana de 1934, o Departamento de Desenvolvimento Urbano preparou as bases para o planejamento de novas áreas de habitação, emprego e recreação. A arquiteta-chefe, Jakoba Mulder, uma das únicas mulheres em cargo de liderança no Departamento de Obras Públicas de Amsterdam, dedicou atenção especial à questão da recreação.[2] Na ponta do lápis de Aldo van Eyck, o conceito do playground público amadureceu e passou a ser um espaço de recreação no meio da cidade. O playground serviu também como precursor de um planejamento de cidade mais humano, viés que futuramente ganharia força no Congresso Internacional de Arquitetura Moderna (Ciam).

A arquiteta, urbanista e paisagista Jakoba Mulder (1900-88) trabalhava no Departamento de Desenvolvimento Urbano desde 1930. Em viagens a Copenhague e Estocolmo, ela entrou em contato com novos conceitos de espaços recreativos que incluíam piscinas infantis, brinquedos e esculturas lúdicas abstratas em parques públicos. Esses espaços de recreação e lazer franqueados a todos eram lindamente projetados. Inspirada nessas descobertas, Mulder construiu a primeira piscina rasa infantil em 1936, para o Beatrixpark, parque na região sul da cidade e cujo projeto também havia sido assinado por ela.[3]

Nos bairros residenciais, ela notou a grande escassez de playgrounds:

> A cena era tão triste que entendi que a coisa certa a se fazer era colocar ao menos uma caixa de areia em cada bairro, para as crianças. Nós criamos nosso primeiro playground em 1947, como um experimento, em Bertelmanplein, que, coincidentemente, ficava no bairro onde eu morava na época. Pedi que Van Eyck fizesse o projeto, e ele realizou a tarefa com um tremendo entusiasmo.[4]

Para a área recreativa de Bertelmanplein, Van Eyck apresentou um projeto surpreendentemente simples, mas sob medida para o local: ele criou uma grande caixa de areia de borda larga equipada com obstáculos de concreto e ao lado acrescentou barras de ginástica simples, feitas de tubos de aço. Fazendo uso de alguns poucos elementos, ele reestruturou o que antes era uma praça vazia, criando um espaço recreativo inconfundível em uma área pública acessível a todos. Bancos compridos convidavam o público a se aproximar e ocupar a área. A população recebeu o projeto com grande ânimo e muitos escreviam cartas pedindo que playgrounds como aquele fossem construídos no bairro em que moravam.

Entre 1947 e 1978, Van Eyck construiu mais de setecentos playgrounds em Amsterdam. A configuração *clean* dos projetos tornou-se sua marca registrada: eles eram compostos de alguns poucos elementos básicos, como a grande caixa de areia e as estruturas metálicas de formatos diversos, cuidadosamente dispostas. A esse design extremamente simples somavam-se a

[fig. 1]

Primeiro playground projetado por Aldo van Eyck para a cidade de Amsterdam, praça Bertelmanplein. Foto de 1955.

[fig. 2]

Playground projetado por Aldo van Eyck, praça
Jac. P. Thijsseplein 18-30, Amsterdam. Foto de 1954.

criatividade de Van Eyck, a versatilidade de sua proposta e, ainda, o baixo custo dos projetos. O que era fundamental, pois, apesar de parcialmente destruído, o centro de Amsterdam se desenvolvia rapidamente. Não raro os playgrounds tinham de caber em espaços ociosos reduzidos e, em muitos casos, eram substituídos por novos edifícios poucos anos depois. Esta foi uma história de sucesso sem precedentes — a repercussão na população e na mídia foi extremamente positiva, e Van Eyck é até hoje reconhecido pelos aprazíveis espaços ao ar livre que cuidadosamente planejou, ainda que poucos tenham sobrevivido.

Junto com os países escandinavos, a Holanda tornou-se um centro da inovação urbana no fim da década de 1940: mais e mais arquitetos, urbanistas, artistas e paisagistas começaram a pensar o playground como espaço público. Além de Van Eyck, Isamu Noguchi, Egon Møller-Nielsen e Carl Theodor Sørensen notadamente repensaram o conceito da recreação em espaços públicos, tendo como principal objetivo o estímulo à brincadeira. O brincar representa uma atividade primordial para as crianças, não é apenas um passatempo insignificante, como antes se pensava. O brincar nos leva a moldar e dar forma às coisas, a "sonhar e tornar nossos sonhos realidade".[5] O novo conceito de playground almejava, de algum modo, tornar tudo isso possível. O artista nipo-americano Isamu Noguchi, o paisagista dinamarquês Carl Theodor Sørensen e o artista sueco-dinamarquês Egon Møller-Nielsen se guiaram por essas ideias formais artísticas e pedagógicas: Noguchi desenvolveu o projeto de um playground com relevos no terreno para o Central Park, em Nova York (Play Mountain, 1933, não realizado); Sørensen criou o primeiro "*junk playground*",[6] precursor do playground de aventura (1943, em Copenhague); Møller-Nielsen foi o primeiro a fazer um projeto de esculturas abstratas lúdicas que funcionavam como estruturas para brincar — e como esculturas dentro do espaço público (1949, no Parque do Povo, em Estocolmo).

Enquanto Noguchi, Sørensen e Møller-Nielsen criavam playgrounds a partir de uma perspectiva formal, o interesse de Van Eyck se detinha primeiramente no contexto urbano e social. Ele também se preocupava com as necessidades das crianças no espaço urbano, o que lhe aguçou a visão da cidade como um organismo vivo.

Graças a um patrocínio da Fundação Rockefeller, Van Eyck teve a oportunidade de escrever, em 1962, uma síntese das suas ideias, mas o manuscrito original, intitulado *The Child, the City and the Artist* [A criança, a cidade e o artista], na época não chegou a atrair o interesse de editoras para publicação, levando-o a lançar o texto em artigos avulsos, separados.[7] Somente em 2008 o texto ressurgiria compilado em formato de livro.

No livro *A criança, a cidade e o artista*, Van Eyck define o que constitui, para ele, uma cidade humana. Pesquisas recentes mostram que, nessa busca por uma cidade mais humana, o jovem Van Eyck explorou o conhecimento, as experiências e os conceitos da chefe, Jakoba Mulder. Ainda que Mulder fosse uma figura-chave no projeto de implementação do plano de expansão urbana, ela acabou ficando à sombra, ao longo de toda sua vida, de seu eminente chefe, o arquiteto Cornelis van Eesteren (1897-1988). Van Eesteren, junto com Gropius e Le Corbusier, foi um dos principais expoentes do funcionalismo no Ciam. Mulder, por sua vez, empenhava-se para planejar a cidade tendo em vista o bem-estar de

[fig. 3]

Playground projetado por Aldo van Eyck,
parque Prins Bernhardpark, Amsterdam.

[fig. 4]

Playground projetado por Aldo van Eyck,
rua Jekerstraat 57-61, Amsterdam. Foto de 1953.

todos — adultos, jovens e crianças —, criando, por exemplo, áreas residenciais que contavam com pátios ao ar livre. No decorrer de uma longa carreira, ela criou, entre outras coisas, o Amsterdamse Bos, conhecido como o "Central Park de Amsterdam", o Beatrixpark e um total de quatro piscinas infantis rasas de grandes dimensões, incluída a da rua Gibraltar, com uma área de 350 metros quadrados.[8] Embora estivesse muito envolvida com esses projetos, tenha se tornado chefe do departamento em 1958, publicado artigos e atuado como professora universitária, Mulder nunca frequentou os eventos do Ciam, ainda que tivesse sido um desejo seu.[9]

Van Eyck participava ativamente das discussões, muitas vezes acaloradas, que ditavam novas tendências no Ciam e nos encontros regionais, e também frequentava congressos e encontros. Ele pertencia à nova geração que desafiava as "ideologias do pré-guerra" do Ciam. No 6º Ciam, primeiro congresso realizado após a Segunda Guerra Mundial, em 1947, em Bridgwater, seus membros debateram longamente a questão da convivência nas cidades do futuro. Van Eyck questionou:

> [...] se o Ciam, reconhecendo a situação atual como uma conjuntura inevitável para a realização prática, deveria, ainda assim, adotar uma atitude crítica e agir com isso em vista. Pretende o Ciam "conduzir" uma concepção de progresso racional e mecanicista rumo ao desenvolvimento do espaço humano? Ou pretende o Ciam mudar essa concepção? A resposta não é óbvia? Uma nova civilização está nascendo. Seu ritmo já foi identificado, seu esboço foi parcialmente traçado. Cabe a nós seguir com a tarefa.[10]

Esse apelo por uma cidade do futuro não mais planejada de acordo com princípios rígidos e tecnocráticos, mas conforme princípios humanísticos e qualitativos, tornou-se central nos anos seguintes. Desse modo, no 8º Ciam, de 1951, o historiador da arquitetura e vice-presidente do Ciam, Sigfried Giedion, enfatizou que a arquitetura moderna deveria se voltar para um planejamento mais humano, visto que os princípios funcionalistas não se adequavam mais às demandas das cidades e sociedades do pós-guerra.[11] Os princípios que guiavam o planejamento urbano racional-funcionalista, formulado por Le Corbusier em sua "Carta de Atenas", de 1943, convergiam para a ordenação da cidade, pré-requisito de um ambiente saudável para a vida das pessoas. Van Eyck e outros membros da ala jovem do Ciam chamavam a atenção para as relações interpessoais que não podiam ser planejadas, embora pudessem ser facilitadas. Ainda que Giedion pertencesse à antiga geração do Ciam e ocupasse o cargo de vice-presidente, ele reconhecia a função "facilitadora" dos playgrounds no contexto urbano:

> Esses elementos simples são agrupados de maneira tão sutil — tendo como pano de fundo o movimento De Stijl e a arte moderna, que injetam uma espécie de vitamina no conjunto — que se tornam pontos de partida fantásticos para a imaginação da criança. Ao mesmo tempo, os playgrounds cumprem uma segunda função. Um terreno baldio, antes sem utilidade, transforma-se, por meio de um projeto realizado com extremo cuidado, em um componente urbano vivo.[12]

[fig. 5]

Playground projetado por Aldo van Eyck,
rua Nico Snijdersstraat, Amsterdam. Foto de 1956.

[fig. 6]

Playground projetado por Aldo van Eyck,
rua Pontanusstraat, Amsterdam. Foto de 1955.

Ao longo dessas conferências e de outros encontros, foram discutidas formas de conectar diferentes esferas da vida urbana, como o "lar", o "bairro", o "distrito" e a "cidade". Que elementos são capazes de criar transições e conexões entre elas? Como o diálogo pode ser facilitado? Nesse contexto, foram apresentadas ideias e abordagens diversas. A dupla de arquitetos suíços Rolf Gutmann e Theo Manz pôs em prática o conceito filosófico de "entre" [*in-between*], de Martin Buber.[13] Os arquitetos britânicos Alison e Peter Smithson adotaram o conceito de "soleira" para descrever a extensão do privado no espaço público. Van Eyck uniu os dois conceitos: ampliou a ideia de soleira para um verdadeiro "espaço-entre", que relaciona todas as esferas de lar, bairro, distrito e cidade.[14] Da mesma forma que o limiar que conecta o dentro e o fora não pode ser dividido, o espaço-entre só funciona como um todo indivisível. A soleira, no entanto, deve ser expandida, para que cumpra sua função relacional — deve se tornar uma área onde as pessoas possam se encontrar. Criar espaços-entre articulados é a tarefa da arquitetura e do planejamento urbano: "A arquitetura deve expandir essa 'estreita linha divisória', fazê-la converter-se em um espaço-entre articulado. Sua função é equipar esse espaço por meio de construções, isto é, equipar, desde a instância da casa até a da cidade, um conjunto de espaços reais, para pessoas reais e coisas reais."[15]

Van Eyck descreve um novo tipo de espaço urbano, pensado para ser um centro de convergência. E muitas vezes esse espaço será o playground. No entanto, "entre" não se refere apenas a fragmentos de espaço criados indiscriminadamente, refere-se, sobretudo, a espaços que são fruto de um projeto arquitetônico politicamente pensado para moldar a cidade e, por consequência, a sociedade. Raros foram os momentos em que projetos de parques recreativos infantis (ainda que estes sejam apenas uma variante do "espaço-entre") ganharam tamanha importância no contexto da arquitetura urbana; e nunca mais voltaram a ser modelos de como cidades podem funcionar. Nas palavras de Van Eyck:

> O efeito, em suma, do que foi realizado até o momento na cidade é crucial, pois influencia mais que apenas as crianças que ali brincam. Essas crianças que brincam demonstram as potencialidades latentes da renovação urbana de modo geral. Com um pouco de concreto, madeira, alumínio, ganham vida centros de interação social: espaços nos quais crianças, pais e mães se encontram, verdadeiras extensões da soleira da porta, onde o mundo externo e o mundo interno, a esfera da vida coletiva e a da vida privada, convergem. Nesse espaço, de uma forma ou de outra, a criança passou a ocupar o centro.[16]

[fig. 7]

Playground projetado por Aldo van Eyck,
rua Egelantiersstraat, Amsterdam. Foto de 1956.

1
Van Eyck, Aldo. *Aldo van Eyck: Writings* (vol. 1: *The Child, the City and the Artist: An Essay on Architecture, the In-Between Realm*). Ligtelijn, Vincent; Strauven, Francis (orgs.). SUN, 2008, pp. 100-1.

2
Verstrate, Lianne; Karsten, Lia. "The Creation of Play Spaces in Twentieth-century Amsterdam: From an Intervention of Civil Actors to a Public Policy", *Landscape Research*, vol. 36, n. 1, 2011, pp. 92-5.

3
Vlassenroot, Linda. "Mulder's Amsterdam". The Berlage Sessions, 5 mar. 2021. Disponível em: https://www.youtube.com/watch?v=72NPFFAbupM&ab_channel=TheBerlage. Ver também: https://www.lindavlassenrood.nl/research/?lang=en e https://archief.amsterdam/inventarissen/details/1327/keywords/Jakoba%20Mulder.

4
Van Eyck, Aldo. Op. cit., p. 100.

5
Citação de Carl Theodor Sørensen. In: Fischer, Ulla; Schultze Henriksen, Ole (orgs.). "Ni pionerer i dansk pædagogisk historie". Dansk Pædagogisk Historisk Forening og Samling, Gentofte, 2002, p. 70. Disponível em: http://www.paedhist.dk/Documents/Ni%20pionerer-2. Acesso em: 29 ago. 2022.

6
N. da T. Parquinho equipado com sucata urbana.

7
Van Eyck, Aldo. Op. cit., p. 7.

8
Mulder, Jakoba Helena. "Een nieuwe speelvijver te Amsterdam", *Publieke werken*, 20, Jg, 10, out. 1952, pp. 117-21.

9
Muxí Martínez, Zaida; Simó Higueras, Mireia. *Jakoba Mulder: la urbanista detrás del Ámsterdam de la posguerra*. Universitat Politècnica de Catalunya. Departament d'Urbanisme i Ordenació del Territori, 2021, p. 40.

10
Giedion, Sigfried. *A Decade of New Architecture: Dix Ans D'architecture Contemporaine* [1951]. Zurique: Girsberger, 1979, p. 37.

11
Tyrwhitt, Jaqueline. *The Heart of the City: Towards the Humanisation of Urban Life*. Londres: Lund Humphries, 1952, p. 17.

12
Ibid., pp. 18-9.

13
Falbel, Anat. "In the Path of the In-between: from Buber to Van Eyck and from Amsterdam to São Paulo". In: 15th International Docomomo Conference: "Metamorphosis. The Continuity of Change". Liubliana, Eslovênia, 28-31 ago. 2018, p. 610.

14
Van Eyck, Aldo. Op. cit., pp. 245, 247, 251.

15
Van Eyck, Aldo. Op. cit., pp. 54-5.

16
Van Eyck, Aldo. "Kind und Stadt/The Child and The City". In: Ledermann, Alfred; Trachsel, Alfred (orgs.). *Playgrounds and recreation spaces/Spielplatz und Gemeinschaftszentrum*. Teufen: Niggli, 1959, p. 37.

I-XIV

SALVADOR, BAHIA
1996

0,50
0,50
0,50

0,50

CAIXA
PROMOCAO
DENTAL
PLUS

976
IMOB

IX

Cantina Modelo
BRAHMA
BRAHMA
BRAHMA

PRACA
DA SE
Kaiser

HOTEL AMERICA
ELETRONICA CGC
Bar do Robson
Esperando por você
Com Diversos Tiragostos
Quentinho da hora...
PROTEL ELETRÔNICA

XI

I, IV, XII-XIV

Fotos: Paul Meurs

II, III, V-XI

Fotos: Aldo van Eyck

VIAGENS EM BUSCA DE POESIA ATRAVÉS DE TEMPOS ANACRÔNICOS

AGNESE CODEBÒ

A Lua mudou de cara.
O meigo irracional poético virou
dura realidade científica, que convida o homem
a procurar alhures sua poesia. – Lina Bo Bardi

Lina Bo Bardi era uma viajante incansável. Nascida em Roma em 1914, formou-se na Regia Scuola Superiore di Architettura [Escola Superior de Arquitetura] em 1939, apresentando a tese intitulada "Núcleo de assistência a maternidade e a infância". Bo Bardi fez sua primeira viagem formativa logo após o fim da Segunda Guerra Mundial, quando a conhecida revista de arquitetura e design *Domus* a encarregou de percorrer a Itália — ao lado de Carlo Pagani e do fotógrafo Federico Patellani — para documentar e avaliar o estado de destruição do país. No final da década de 1940, mudou-se para o Brasil com o marido, o jornalista, historiador da arte e colecionador Pietro Maria Bardi. Após uma temporada no Rio de Janeiro, o casal mudou-se para São Paulo, onde Lina projetou o Museu de Arte de São Paulo Assis Chateaubriand (conhecido como MASP), do qual Pietro seria o diretor. Nesse período, estabeleceu sua prática profissional na cidade. Morando em São Paulo, Lina continuava fazendo suas viagens. Tinha especial interesse pelo Nordeste do Brasil, por onde viajou e veio a trabalhar nas décadas de 1950 e 60, e depois novamente no final da década de 1980 — por volta do período de retomada democrática no país —, como arquiteta, diretora de museu, cenógrafa e curadora.

Mas o que viajar representaria para Lina Bo Bardi? O que estaria buscando? O que encontrou? O que viajar significa para um arquiteto? Essas são algumas das perguntas que norteiam este ensaio. Bo Bardi experimentou viajar não apenas fisicamente, mas também mentalmente, através de diversas leituras e de suas amizades. Penso que ao viajar, Lina buscava conhecimento e, em última instância, poesia. Um certo algo divino na vida, que veio a formar o estilo vernacular plurinacional de sua arquitetura, e que ela encontrou na criatividade da vida cotidiana. Seu trabalho arquitetônico — o MASP (1960-68), o Sesc Pompeia (1977-82), a Casa de Vidro (1951-52), o Solar do Unhão (1960-63), a Casa do Chame-Chame (1958-63), o Teatro Oficina (1980-93) — é extraordinário e, neste livro, será analisado por outros autores. O que sempre me fascinou em Bo Bardi, no entanto, foi sua grande curiosidade de explorar o mundo com olhos desobedientes. Segundo seu amigo de longa data Bruno Zevi, Bo Bardi era “uma herética em vestes aristocráticas, uma elegante mulher esfarrapada, uma subversiva circulando por bairros luxuosos. Seu desejo por mudança era irrefreável, declarava-se sempre insatisfeita, buscando incansavelmente alternativas".[1]

A CRIAÇÃO DE COMUNIDADES HUMANÍSTICAS

Bo Bardi se formou em 1939, no início da Segunda Guerra Mundial. Adiante, viriam anos mais de destruição que de construção. Sem demora, ela decidiu fazer seu primeiro movimento, de Roma para Milão, onde iria praticar sua imaginação arquitetônica através de desenhos, da escrita e de projetos. Os edifícios teriam que esperar.

Logo após o armistício de 1943, seu apartamento em Milão transformou-se em ponto de encontro de pintores e escritores. Giorgio de Chirico, Felicita Frai, Fabrizio Clerici e Raffaele Carrieri tornaram-se seus amigos nesses anos. Foi também em Milão que se tornou amiga do arquiteto Carlo Pagani e do fotógrafo Federico Patellani. Foi com eles que, depois de conhecer Bruno Zevi em Roma, fez parte da criação da revista *A: Attualità, Architettura, Abitazione, Arte* [A: Atualidade, Arquitetura, Habitação, Arte]. A troca intelectual com Zevi, que à época voltava do exílio nos Estados Unidos, onde havia começado a cultivar a ideia de uma arquitetura mais humanista, continuaria por toda a vida e influenciaria o modo de Bo Bardi compreender a relação entre a construção e o ambiente social. As bases teóricas desse pensamento ganharam forma nas páginas da *A*.

Em carta a Zevi, de 6 de julho de 1945, ela fala sobre a criação e a proposta da revista, que os dois fundadores concebiam como uma "pequena utopia", alheia ao "monopólio dos diretores", na medida em que seria dirigida coletivamente por um conselho editorial, aberto à participação tanto do público quanto de técnicos, especialistas e profissionais:[2]

> Há um ano e meio, durante o assustador período da ocupação, Pagani e eu, e logo depois Raffaele Carrieri, começamos a pensar em algo "útil" a ser feito, algo útil para o país; uma revista ou jornal acessível a todos e que abordasse os erros típicos dos italianos; naturalmente, a base seria a arquitetura; assim nasceu a revista *A*, secretamente concebida em todos os detalhes, que talvez, por necessidades editoriais, seja forçada a mudar seu nome e adotar outro mais comunicativo para o público.[3]

A proposta era colocar o problema da arquitetura ao alcance de todos, para que todos pudessem compreender a casa em que vivem, a fábrica onde trabalham, as ruas por onde caminham. Compreender significa ter a capacidade de julgar por meio de uma propaganda correta.[4]

A preocupação de Bo Bardi com a conscientização das pessoas alinhava-se com os textos marxistas que vinha lendo, e ecoava em especial os argumentos de Antonio Gramsci.[5] Esse cuidado também se refletia nas questões que um olhar atento pode encontrar no primeiro número da revista *A*: "Perché viviamo così male?" [Por que vivemos tão mal?] [fig. 1] Tratava-se de uma pergunta retórica, direcionada aos italianos que haviam perdido a poesia de viver. O objetivo se aproximava daquele visto nas palavras de Bo Bardi

[fig. 1]

Capa da revista *A: Attualità, Architettura, Abitazione, Arte* [A: Atualidade, Arquitetura, Habitação, Arte], nº 1.

usadas como epígrafe para este ensaio. Os italianos se encontravam em uma situação de anacronismo, apesar de seu progresso e da crença de terem dominado a natureza; ainda pensavam e agiam de maneira retrógrada, ocupando-se com futilidades, concursos de beleza e filmes banais, em vez de refletir sobre os problemas das pessoas, reconhecer os direitos humanos e redescobrir a poesia.[6]

Zevi respondeu à carta de Bo Bardi, ressaltando o fato de que *A* "não é um jornal de arquitetura, nem de arte, nem de habitação, nem de atualidades. É um jornal sobre a cultura, a vida".[7] O nome da revista, como Bo Bardi havia antecipado, precisou mudar. Em sua nova versão, tornou-se *A: Cultura della vita* [A: Cultura da vida]. No editorial dessa edição, podemos ler que a nova revista é "um ato de fé, de otimismo, de coragem. Dedicamos este jornal a todos vocês que buscam novos propósitos de vida e novas formas de viver".[8] Bo Bardi buscava novos propósitos de vida, em suas viagens, mas não somente com a mobilidade física, como também pela criação de comunidades afetivas, e através da leitura e da escrita, que lhe apresentavam novas perspectivas sobre a força criativa das pessoas.

A: Cultura della vita teve vida curta, durou apenas quatro meses. No final de 1946, Lina, recém-casada com Pietro Maria Bardi, deixou a Itália do pós-guerra a caminho do Brasil, em busca de poesia.[9] No novo país, em 1950, os Bardi deram vida a outra experiência editorial, a *Habitat: Revista das artes no Brasil*, que se tornaria o principal veículo de promoção e divulgação das atividades culturais do MASP.[10] A *Habitat* era uma revista de arte cuja potência e singularidade eram baseados na inclusão: passado e presente, alta cultura e arte popular, arquitetura, paisagem, cinema e teatro convergiam em suas páginas.[fig. 2] No primeiro número, lê-se: "*Habitat* significa ambiente, dignidade, conveniência, moralidade de vida, e portanto espiritualidade e cultura: é por isso que escolhemos para título de nossa revista uma palavra intimamente ligada à arquitetura, à qual damos um valor e uma interpretação não apenas artística, mas uma função artisticamente social."[11] Tal qual a revista *A*, a *Habitat* tornou-se porta-voz de uma cultura de vida: uma cultura que, mais uma vez, era caracterizada por sua função social fundamental.

Através da *Habitat*, Bo Bardi começou também a formalizar seu compromisso com a cultura popular brasileira, traçando uma cartografia da produção cultural e arquitetônica do país que abrangia tanto a estética modernista quanto a arquitetura popular. No prefácio do primeiro número da revista, Bo Bardi elogia desde as obras de Aleijadinho, os arquitetos do Teatro de Manaus e do Ministério da Educação e Saúde do Rio até a beleza da floresta, a habilidade dos marceneiros de Recife, dos ceramistas, dos indígenas, dos africanos, dos descendentes dos conquistadores, dos imigrantes e de todos aqueles que de alguma forma contribuem para a arte do Brasil.[12] Seu trabalho como editora talvez tenha sido uma das maneiras mais bem-sucedidas de criar uma comunidade em torno daquilo que para ela era fundamental: o artesanato, o humanismo e a justiça social. Caetano Veloso, que estava com vinte anos na época em que Bo Bardi esteve em Salvador, dizia que ela era uma força de liderança, uma agitadora cultural por trás da cena artística local.[13] A arquiteta, que havia se tornado amiga de muitos artistas, incluindo o cineasta Glauber Rocha, era vista como uma referência,

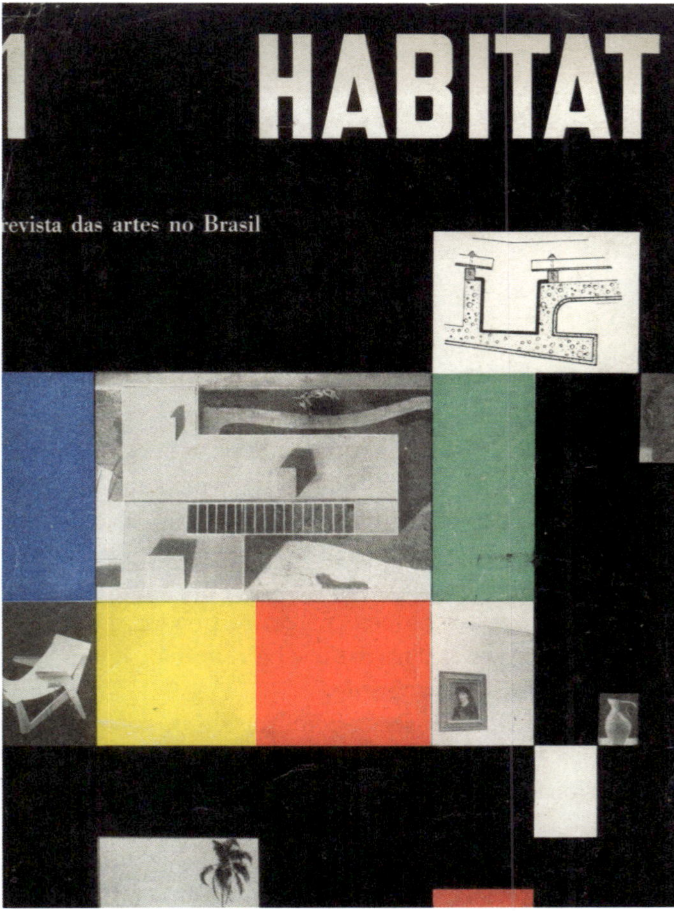

[fig. 2]
Capa da primeira edição da revista *Habitat*.

uma figura inovadora e inspiradora, em contraste com alguns intelectuais baianos obtusos.[14]

A POESIA DA ARQUITETURA

No verão de 1945, Bo Bardi, Carlo Pagani e o fotógrafo Federico Patellani partiram em uma viagem pela Itália para avaliar as condições de vida das pessoas, sobretudo em casas de operários afetadas pela guerra. O que se apresentou diante do trio foram ruínas, escombros, fome e precariedade, mas também os olhos esperançosos de crianças que voltavam a brincar nas ruas da cidade sem medo dos bombardeios. De Milão, descendo a península, eles pararam em Marzabotto — cenário de um dos mais sangrentos massacres nazistas na Itália. Depois, Florença, que lhes pareceu irreconhecível, e Siena, Buonconvento, Radicofani, Acquapendente, todas reduzidas a pilhas de escombros. Em Viterbo, testemunharam a população tomando parte em celebrações religiosas na praça principal da cidade. Roma, por seu valor histórico e religioso, havia sido poupada de fortes bombardeios.

Foi durante essa viagem que Bo Bardi, segundo Francesco Perrotta-Bosch, descobriu o que mais tarde chamaria de qualidade "pré-artesanal" na habilidade das pessoas de recuperar e dar novas utilidades a objetos descartados, até mesmo a materiais de guerra, para transformá-los em artefatos de uso cotidiano.[15]

Ao longo da viagem, ela admirava especialmente a capacidade de homens e mulheres de encontrar soluções práticas em períodos de crise; seria a simplicidade que mais tarde ela buscaria aplicar à sua arquitetura racional e funcional. Quando Bo Bardi viu de perto a destruição causada pelos bombardeios, veio a compreender que as casas deveriam servir, não mostrar, e que o mais importante para um arquiteto não seria construir bem, mas saber como vive a maioria das pessoas, dominar o básico, as estruturas de utilidade, como fazer um fogão, como construir um vaso sanitário. Em 1947, ela escreveu:

> A guerra destruiu os mitos dos "monumentos", também na casa os móveis-monumentos não devem existir mais, também eles, em parte, entram na causa das guerras; os móveis devem "servir", as cadeiras para [se] sentar, as mesas para comer, as poltronas para ler e repousar, as camas para dormir, e a casa assim não será um lar eterno e terrível, mas uma aliada do homem, ágil e serviçal, e que pode, como o homem, morrer. Na Europa se reconstrói, e as casas são simples, claras, modestas, pela primeira vez no mundo, talvez o homem haja aprendido, e na manhã seguinte àquelas noites chamejantes, sentido, sobre os escombros da sua casa, que a casa é quem a habita, é "ele mesmo", e teve vergonha da sua velha casa como se tivesse mostrado em público as próprias fraquezas e os próprios vícios.[16]

Foi na imediata realidade das pessoas no período do pós-guerra que ela encontrou inspiração para sua arquitetura, assim como para os objetos que projetou. Sua cadeira *Bowl*, de 1951, é um claro exemplo de como a forma dos objetos do dia a dia — uma tigela comum de salada ou macarrão — pautavam seu trabalho.

Duas das imagens do arquivo de Patellani são representativas do estado de espírito de Bo Bardi durante a viagem de 1945 pela Itália. A primeira, tirada em Acquapendente, mostra uma mulher (provavelmente Lina) deitada de lado na grama, de costas para a câmera, olhando para a estrutura de um avião destruído.[17] [fig. 3] É como se observasse a dupla condição das ruínas e restos do avião: destruição e criatividade. A segunda foto foi tirada em Roma. Nela, vemos Bo Bardi, de costas para nós, subindo um pequeno barranco na Piazza Augusto Imperatore, em direção a um edifício de arquitetura fascista, onde antes ficava a galeria de arte de Pietro Maria Bardi. Ela está usando um vestido com estampa de flores, o mesmo usado em outras imagens feitas por Patellani em Roma.[fig. 4] Impossível olhar essas fotografias sem pensar em Walter Benjamin, que descreve o *Angelus Novus*, de Paul Klee, como o "anjo da história", com o rosto voltado para o passado e as costas para o futuro.[18] O anjo está olhando para os escombros, para os destroços produzidos pela catástrofe do progresso, perguntando-se que desdobramentos positivos esse passado pode ter no futuro. Em suas viagens pela Itália do pós-guerra, Bo Bardi também conheceu a barbárie da civilização ocidental. Ela também está olhando para a tragédia, tentando descobrir que futuro pode emergir de tudo aquilo. É em uma outra viagem transformadora que Lina encontrará novas possibilidades de futuro.

Em outubro de 1946, os Bardi chegam ao Rio de Janeiro. O casal era amigo do embaixador brasileiro em Roma, Pedro de Moraes Barros, e de outros brasileiros, como o diretor do Museu do Vaticano, Deoclécio Redig de Campos. Pietro já havia estado no Brasil em

[fig. 3]

Esqueleto de avião e mulher deitada no prado, possivelmente Lina Bo, Acquapendente, Viterbo, 1945.

[fig. 4]

Edifício sede do Studio d'Arte Palma, galeria de arte de Pietro Maria Bardi, nos arredores do Ara Pacis, Campo de Marte, Roma, 1945.

1933, por ocasião de uma exposição sobre arquitetura racionalista italiana, produzida pelo Instituto Italiano de Cultura de Buenos Aires. Outros fatos motivaram a viagem. Antes de ser banido pelo regime, Pietro tinha alguma proximidade com o fascismo. Quando a guerra terminou, ele era um possível inimigo tanto da direita quanto da esquerda. No Brasil, uma nova vida aguardava o casal. Ao chegar, Bo Bardi escreveu, maravilhada:

> Chego ao Rio de Janeiro de navio, em outubro. Encantamento. Para quem chegava pelo mar, o Ministério da Educação e Saúde erguia-se como um grande navio branco e azul contra o céu. Primeira mensagem de paz após o dilúvio da Segunda Guerra Mundial. Senti-me em um país inimaginável, onde tudo seria possível. Senti-me feliz, e no Rio não havia escombros.[19]

No entanto, não foi no Rio, tampouco em São Paulo, que Bo Bardi encontrou a poesia que buscava. O diretor e dramaturgo Zé Celso Martinez Correa, um dos fundadores do Teatro Oficina, cujo edifício Bo Bardi projetou a partir de 1980, resumiu perfeitamente sua busca por poesia. Para ele, Bo Bardi começou com a poesia, com o conceito, e deu à poesia o valor de concreto, de cimento, de madeira; ela acreditava na potência física do sonho.[20] Onde ela encontrou isso de forma mais poderosa foi no Nordeste brasileiro. De 1958 a 1964, Lina viveu em Salvador, onde ocupou o cargo de diretora do Museu de Arte Moderna da Bahia (Mamb), restaurou o conjunto arquitetônico do Solar do Unhão e lecionou na universidade. Ao longo desses anos, visitou Ceará e Pernambuco, de onde voltou com diversos objetos e utensílios do dia a dia, que seriam incluídos na coleção de arte popular do Nordeste. [figs. 5-7] Entre os objetos, havia ex-votos, cestas, berimbaus, conchas e utensílios domésticos: artigos feitos por brasileiros anônimos, os quais, em sua visão, representavam a verdadeira cultura popular nacional e criavam o que chamava de artefatos "pré-artesanais", que vieram a compor a exposição organizada por ela no Solar do Unhão em 1963:

> Matéria-prima: o lixo. Lâmpadas queimadas, recortes de tecidos, latas de lubrificantes, caixas velhas e jornais. Cada objeto risca o limite do "nada" da miséria. Esse limite e a contínua e martelada presença do "útil e necessário" é que constituem o valor desta produção, sua poética das coisas humanas não gratuitas, não criadas pela mera fantasia. É neste sentido de moderna realidade que apresentamos criticamente esta exposição.[21]

Há diversas fotografias no Instituto Bardi que documentam o que ela encontrou no Nordeste brasileiro. Várias delas são como catalogações de objetos. Há uma em especial, no entanto, que mostra o Mestre Vitalino, ceramista de Caruaru, em Pernambuco, trabalhando junto com seus filhos, criando pequenas figuras de barro que registram a habilidade e a inventividade do artesão, uma "poética da simplificação", não da indigência, como diria Lina.[22] [fig. 8] O que ela adquiriu no Nordeste foi uma noção da realidade, de não alienação, que ela também expressou de forma poética:

[fig. 5]

Vista da exposição A Mão do Povo Brasileiro, MASP, 1969.

[figs. 6, 7]

Canecas e bules, exposição A Mão do Povo Brasileiro, MASP, 1969.

> Baraúna, a árvore mais forte do Sertão.
> Angico, a árvore para curtir o couro.
> Facheiro, arbusto espinhoso: as folhas para o gado, as varas para a cerca. Aroeira, a árvore das cangalhas.
> Jaqueira, Oiticica, Juerana, Gameleira, Pequí, Vinagreiro, Vinhático, Jataí, Jangadeira, as árvores para colheres, gamelas, tachos, tampas de potes, camas, mesas, caritós, brinquedos para as crianças e Santos, figas e Rosários.
> Umburana, Pau d'Alho, Pita, as madeiras dos ex-votos. "Ajudam" o homem do sertão, assim como os diferentes "Paus". [23]

As inúmeras e emblemáticas exposições — Bahia no Ibirapuera, 1959; Nordeste, 1963; A Mão do Povo Brasileiro, 1969 — que ela organizou ao longo da vida para exibir o poder estético da cultura popular brasileira eram também uma tentativa de revelar a potência estética dos objetos pré-artesanais. Uma potência que ela encontrou na praticidade criativa desses objetos.

> [...] os ex-votos são apresentados como objetos necessários e não como "esculturas", as colchas são colchas, os panos com aplicações são "panos com aplicações", a roupa colorida, roupa colorida, feita com as sobras de tecidos, ainda com as marcas das grandes fábricas do Sul, que as mandam de caminhão para o Sertão do Nordeste. [24]

Nessa empreitada, no entanto, ela não estava sozinha. Na década de 1960, havia outros tantos artistas que valorizavam a cultura popular e seus objetos, reconhecendo neles um meio de adquirir outras formas de conhecimento, que privilegiavam o local, em vez do universal, e o abstrato para narrar o Brasil.[25]

O pré-artesanal sintetiza a poesia que Bo Bardi buscava em suas viagens, que ela viu no reaproveitamento das ruínas na Itália do pós-guerra, assim como nas latinhas de lubrificante Esso, Mobiloil e Texaco, que considerava "uma contribuição indigesta, seca, dura de digerir", mais verdadeira, mais original.[26] Foi na materialidade desses objetos pré-artesanais que ela fundamentou sua visão da arquitetura. "No fundo", diz Lina, "vejo a arquitetura como serviço coletivo e como poesia."[27] A arquitetura, para ela, poderia gerar mudanças sociais, assim como imaginar diferentes mundos, utilizando materiais precários de formas poéticas, construindo uma utopia imaginável.

A criatividade que Bo Bardi encontrou nas viagens pela Itália e pelo Nordeste brasileiro moldou sua arquitetura profundamente. Basta observar, por exemplo, as janelas do Sesc Pompeia, em São Paulo, no qual a arquiteta arrancou pedaços de concreto das paredes para criar aberturas irregulares inspiradas nas cavernas pré-históricas (justificadas pela necessidade de ventilação cruzada nas quadras esportivas), em vez de abrir janelas propriamente ditas. Suas ideias para o Sesc Pompeia foram desenvolvidas a partir das habilidades pré-artesanais e artesanais que encontrou na Itália e no Brasil: "Pobre, mas rico de fantasia, de invenções, uma premissa de um futuro livre, moderno, que possa, junto às conquistas da prática científica mais

[fig. 8]
Mestre Vitalino trabalhando com seus filhos, 1948.

avançada, guardar, no início de uma nova civilização, os valores de uma história cheia de dureza e poesia."[28] Ali, na casa do seringueiro, com seu piso de madeira e telhado de palha, Lina encontrou a fonte para uma "*architettura povera* — uma arquitetura pobre, não no sentido de empobrecido, mas no sentido artesanal de alcançar o máximo da comunicação e dignidade com meios mínimos e humildes".[29]

1
Zevi, Bruno. "A, un settimanale di architettura scaturito dalla Resistenza", *L'Architettura Cronache e Storia*, n. 441-442, p. 541, 1992. No original: "Un'eretica in veste aristocratica, una stracciona elegante, un'eversiva aggirandosi in quartieri lussuosi. Il suo desiderio di cambiamento era incontenibile, si dichiarava continuamente insoddisfatta, alla ricerca irrequieta di alternative."

2
Colomina, Beatriz. "Little Magazines: Small Utopia". In: *Las revistas de arquitectura (1900-1975). Crónicas, manifiestos, propaganda*. Pamplona: Ediciones D.L., 2012, pp. 13-20.

3
Bo Bardi, Lina. "Carta a Bruno Zevi", 6 jul. 1945. Arquivo Bruno Zevi.

4
Ibid.

5
Lina Bo Bardi era de esquerda e, ao longo da vida, sempre se declarou comunista. Ver o livro de Francesco Perrotta-Bosch *Lina: Uma biografia* (São Paulo: Todavia, 2021). Não se tratava apenas de uma escolha política, mas também de afinidade cultural. Não por acaso, em seus textos recorria com frequência a conceitos de Antonio Gramsci, como o de "hegemonia cultural" e, sobretudo, o de "nacional-popular". Sobre o tema, ver Bo Bardi, Lina. "Technology and Art". In: *Stones Against Diamonds* (Architecture Words 12 series). Londres: Architectural Association, 2013, pp. 68-70; Rubino, Silvana. "Lina, leitora de Gramsci". In: Pedrosa, Adriano; Toledo, Tomás (orgs.). *A Mão do Povo Brasileiro 1969/2016*. São Paulo: MASP, 2016, pp. 64-70; Gonzáles, Julieta. "Quem não tem cão, caça com gato". Ibid., pp. 38-48; e Codebò, Agnese. "The Architect Weaving the City: Lina Bo Bardi's Praxis in the Sesc Pompeia", *V!RUS*, n. 14, 2017.

6
Bo Bardi , Lina. "The Moon". In: *Stones Against Diamonds* (Architecture Words 12 series). Londres: Architectural Association, 2013a, pp. 64-5.

7
Zevi, Bruno. "Lettera a Pietro Maria Bardi, Ortensio Gatti, Lina Bo Bardi e Carlo Pagani", 29 out. 1945. Arquivo Bruno Zevi. No original: "Non è un giornale né di architettura, né di arte, né di abitazione, né di attualità. È un giornale di cultura, di vita."

8
"Il nostro programma", *A – Cultura della vita*, n. 7, p. 3, 1946 3. No original: "Un atto di fede, di ottimismo, di sprone. Dedichiamo il giornale a tutti voi che cercate nuovi fini di vita, e nuovi mezzi per vivere."

9
Para mais detalhes sobre a vida de Lina Bo Bardi, ver Perrotta-Bosch, Francesco. Op. cit.; sobre sua arquitetura, ver: Criconia, Alessandra (org.). *Lina Bo Bardi: Un'architettura tra Italia e Brasile*. Milão: Franco Angeli, 2017; Ferraz, Marcelo (org.). *Lina Bo Bardi*. São Paulo: Instituto Bardi, 1993; e Gallo, Antonella (org.). *Lina Bo Bardi architetto*. Veneza: Marsilio, 2004; sobre seus desenhos, ver Zeuler, Lima. *Lina Bo Bardi: Drawings*. New Haven: Yale University Press, 2013.

10
Pedrosa, Adriano et al. (orgs.). *Lina Bo Bardi: Habitat*. São Paulo: Masp, 2019.

11
"Prefácio", *Habitat. Revista das artes no Brasil*, n. 1, p. 6, 1950.

12
Idem.

13
Grinspum Ferraz, Isa; Michiles, Aurélio. *Lina Bo Bardi*. Filme, 50 min., Brasil, 1993.

14
Pereira, Juliano Aparecido. *A ação cultural de Lina Bo Bardi na Bahia e no Nordeste (1958-1964)*. Uberlândia: Edufu, 2007; Gonzáles, Julieta. Op. cit., pp. 38-48.

15
Perrota-Bosch, Francesco. Op. cit.

16
Bo Bardi, Lina. "Na Europa a casa do Homem ruiu", *Rio*, n. 92, pp. 53-5, 1947.

17
Sobre a viagem de Lina Bo Bardi, Carlo Pagani e Federico Patellani a Acquapendente, ver Perrota-Bosch, Francesco. Op. cit.

18
Benjamin, Walter. "Theses on the Philosophy of History". In: *Illuminations: Essays and Reflections*. Nova York: Schocken, 2012, pp. 253-64.

19
Bo Bardi, Lina. "Curriculum letterario". In: *Lina Bo Bardi*. Ferraz, Marcelo Carvalho (org.). Milão: Charta, 1994, p. 12. No original: "Arrivo a Rio de Janeiro per nave, in ottobre. Incanto. Per chi arrivava dal mare, il Ministero dell'Educazione e della Sanità si stagliava come una grande nave bianca e azzurra contro il cielo. Primo messaggio di pace dopo il diluvio della Seconda Guerra Mondiale. Mi sono sentita in un Paese inimmaginabile, dove tutto era possibile. Mi sono sentita felice, e a Rio non c'erano macerie."

20
Ferraz, Isa Grinspum; Michiles, Aurélio. Op. cit.

21
Bo Bardi, Lina. *Tempos de grossura: O design no impasse*. São Paulo: Instituto Lina Bo Bardi, 1994, p. 35.

22
Ibid., p. 37.

23
Ibid., pp. 40-1.

24
Ibid., p. 33.

25
Artistas como Hélio Oiticica (1937-80) e Lygia Pape (1927-2004), ou escritores como Mário Pedrosa (1900-81) e Ferreira Gullar (1930-2016) defendiam o uso de elementos vernaculares na produção de narrativas modernas do Brasil. Sobre este tema, ver Gonzáles, Julieta. Op. cit.

26
Bo Bardi, Lina. "Planejamento ambiental: 'Desenho' no impasse". *Malasartes*, n. 2, dez. 1975-fev. 1976.

27
Ferraz, Isa Grinspum; Michiles, Aurélio. Op. cit.

28
Bo Bardi, Lina. "Intensive Therapy". In: *Stones Against Diamonds* (Architecture Words 12 series). Londres: Architectural Association, 2013d, pp. 103-4.

29
Bo Bardi, Lina. "The Architectural Project". In: *Stones Against Diamonds* (Architecture Words 12 series). Londres: Architectural Association, 2013e, pp. 97-100.

ENTRE O MITO E A BRICOLAGEM
A relação de Aldo van Eyck e Lina Bo Bardi com outras culturas do mundo

ALEJANDRO CAMPOS URIBE

> Tenho aqui centenas de fotografias que minha esposa e eu tiramos nas nossas viagens pelo mundo, sempre à procura desse tipo de arquitetura, e desse tipo de arquitetura Lina entendia bastante. Não se pode dizer que seja algo que a tenha influenciado, não se pode dizer que fosse algo que ela apenas conhecia. Estava dentro dela. Pode se dizer que era dentro da cabeça dela que isso existe.[1] – Aldo van Eyck

É sabido que tanto Aldo van Eyck quanto Lina Bo Bardi colecionavam arte e artefatos de origem não europeia, estudavam etnografia e antropologia e viajavam incessantemente pelo mundo. Não resta dúvida de que a atividade que praticavam como colecionadores, fotógrafos, viajantes e pesquisadores influenciou profundamente a forma como pensavam a arquitetura, e é por isso que a análise da contribuição de um e de outro para a área depende inteiramente de um olhar atento e crítico sobre outras culturas, diferentes daquelas às quais pertenciam. Ao referir-se ao expressivo desenvolvimento da arquitetura moderna após a Segunda Guerra Mundial, o teórico Georges Teyssot traça um paralelo entre essas interações e o que ele chama de "virada etnográfica"[2] dos anos 1960, também investigada por Avermaete[3] e Sabatino,[4] entre outros. A virada etnográfica pode ser entendida como uma tentativa de trazer novos ares ao discurso modernista eurocêntrico, supostamente "internacional", que, na visão da nova geração de arquitetos do pós-guerra, havia levado ao anonimato urbano, à alienação e à falta de coesão social. Arquitetos do pós-guerra como Van Eyck e Bo Bardi defendiam a reavaliação do cânone ocidental, recorrendo a referências não europeias, tanto de edifícios quanto de obras de arte, para realizar seus projetos. Essas referências serviam como inspiração estética, mas também como inspiração poética e filosófica. Com isso, eles buscavam "características humanas elementares", atributos e valores humanos universais e sua forma de expressão nas diferentes culturas, novos caminhos para o desenvolvimento de um melhor funcionalismo, de uma arquitetura moderna mais rica e inclusiva, que Van Eyck chamou de "*Architecture Mondiale*" [arquitetura mundial].[5]

Ainda que seja importante entender que elementos serviram de base para o discurso dos modernistas, as ideias, os materiais e os objetos envolvidos nesse processo de expansão e desenvolvimento, marcado por histórias de apropriação e exotização, merecem um olhar mais atento. Um aspecto-chave do discurso de Van Eyck, sobre o qual falava abertamente, refere-se às formas de articular a transposição desses modelos para o contexto do Modernismo. Em palestra sobre o trabalho de Lina Bo Bardi, no Museu de Arte de São Paulo (MASP), em 4 de abril de 1996, Van Eyck rejeita o conceito de "influência" ao tratar das viagens que eles faziam e de seu caráter etnográfico. "Estava dentro da cabeça dela", diz ele — dentro da cabeça deles, poderíamos emendar —, na forma de *afinidades*, palavra frequentemente usada, como explicarei mais adiante, em referência a uma maneira similar de lidar com culturas de todo o mundo.

Afinal, o que de fato significa *afinidade*?

Para compreendermos o olhar de Van Eyck sobre outras culturas, devemos analisar seus estudos na área da antropologia, fundamentados principalmente na escola boasiana — introduzida por Franz Boas no fim do século XIX e ligada a nomes como Ruth Benedict e Margaret Mead. A antropologia boasiana rejeitava a ideia de evolução da cultura e considerava as complexas diferenças entre as sociedades consequência natural de processos históricos específicos. Boas, Benedict e Mead ficaram conhecidos por adotar o relativismo cultural — conceito utilizado por Van Eyck em *The Child, the City and the Artist* [A criança, a cidade e o artista] —,[6] o qual sugere que as culturas devem ser interpretadas dentro do próprio contexto, não sendo nenhuma cultura intrinsecamente superior a outra. Essa perspectiva, no entanto, afasta-se do conceito de *afinidades*, que identifica o que as culturas têm em comum, como se observadas de um ponto de vista privilegiado, sem considerar que certos aspectos culturais são intraduzíveis. Se toda e qualquer cultura só pode ser interpretada dentro do próprio contexto, como é possível então procurar por afinidades? Como podemos compará-las e aprender com elas?

[fig. 1]

Viagem a Taos Pueblo, Novo México.
Foto de Aldo van Eyck, c. 1960.

[fig. 2]

Viagem a Djenne, no Mali. Foto de Aldo van Eyck, data desconhecida.

> Os processos mentais do homem são os mesmos em todo lugar, independentemente da raça e da cultura, independentemente do absurdo aparente de certas crenças e costumes. O comportamento de cada um de nós, não importa a qual cultura pertençamos, é determinado pelo material tradicional com que lidamos, e o homem, em todas as partes do mundo, lida sempre com o material a ele transmitido por meio dos mesmos métodos.[7]

A despeito do relativismo cultural que declaradamente defendia, Van Eyck tinha um entendimento da cultura que levava em consideração determinadas estruturas indicativas do que os humanos fazem, pensam, percebem e sentem — não à toa ele era frequentemente associado ao Estruturalismo. Mais tarde, ele as chamou de "características humanas elementares", arquétipos ou aspectos estéticos atemporais. O objetivo, visualmente representado nos "Círculos de Otterlo", era enriquecer a arquitetura por meio da inclusão de espaços criados por todas as culturas do mundo ao longo da história. O contato com essas civilizações tão diversas daria aos arquitetos a oportunidade de criar trabalhos mais profundos. Karin Jaschke, grande estudiosa da relação de Van Eyck com culturas não europeias, nota que a diversidade cultural era cara a arquitetos como ele,[8] ansiosos por deixar o Modernismo do entreguerras para trás, pois as referências de fora levavam a uma reavaliação dos objetivos e fundamentos da arquitetura moderna. Karin Jaschke também nos mostra como o pensamento de Van Eyck deve muito ao conceito de mitopoese dos ensaios de Henri Frankfort. Ela faz uma associação entre a mitopoese e o entendimento que Van Eyck tinha da relatividade como um princípio abrangente e universal, e também da interioridade e do argumento de que o equivalente moderno para uma visão de mundo cosmológica tradicional reside dentro de nós.

> [...] Quer dizer, no século XX nós temos livros, nós temos a possibilidade de viajar: vivemos em um mundo integrado; o Japão é logo ali! Precisamos estudar para descobrir culturas diferentes, para evoluir — não para copiar! — não em nome do ecletismo, não! —, mas para melhor compreender os mistérios do homem.[9]

Ora, o interesse por valores não europeus para repensar a arquitetura ocidental e o papel dos mitos na sociedade moderna não era exatamente novidade. A virada etnográfica na arquitetura aconteceu tardiamente, mas lado a lado com o que ficou conhecido como *Primitivismo* na arte moderna, termo que se refere ao fascínio dos primeiros artistas modernos pela produção estética das culturas da África e da Oceania — tais como Gauguin, Picasso, Brancusi, Ernst e Klee. De fato, o contato de Van Eyck com outras culturas provavelmente começou por meio dos artistas de vanguarda que ele admirava: “Foram esses cubistas que descobriram a arte da África. Eles expandiram o mundo, o horizonte [...].”[10]

No entanto, declarações aparentemente inocentes como essa devem passar por uma reavaliação crítica. O *Primitivismo*, que envolve o processo de adaptação, apropriação, assimilação da arte mundial aos parâmetros e interesses da história da arte ocidental, passou a ser considerado extremamente problemático

[fig. 3]

Entrada de uma moradia em Djenne, no Mali.
Foto de Aldo van Eyck, c. 1950.

[fig. 4]

Cerimônia do povo Dogon, no Mali.
Foto de Aldo van Eyck, 1960.

por antropólogos e estudiosos do pensamento pós-colonial e decolonial — figuras relevantes, entre as quais estão James Clifford, Susan Hiller e Hal Foster. Como alguém pode dizer que "cubistas descobriram a arte da África"? A "arte da África" já não estava lá? De quem é o "mundo" a ser expandido? O que constitui "o mundo"? Que formas de transformação e transgressão ocorrem quando valores estrangeiros são incorporados à arquitetura moderna e pela arquitetura moderna? E mais: como os objetos ritualísticos da África e da Oceania foram parar nos museus de etnografia e nas coleções particulares Europa afora?

REVISITANDO O CONCEITO DE AFINIDADE

Há toda uma produção literária voltada para essas questões, mas vou me deter aqui, mais uma vez, ao termo "afinidade". "Afinidade" foi usado de forma positiva, preferencialmente para aludir ao interesse de artistas e arquitetos modernos na arte etnográfica, em comparação com influência, que seria percebida como uma forma de problematizar os conceitos de autor e de gênio, no indivíduo. Como dito anteriormente, não podemos deixar de situar o termo no contexto das demandas universalistas, de um novo humanismo, da perspectiva de uma nova civilização globalizada, ainda que diversificada. A aproximação de Bo Bardi e Van Eyck com outras culturas foi uma tentativa de reorganizar uma realidade moderna fragmentada para formar uma nova realidade *mondiale* — se a relatividade permitisse. No entanto, isso poderia facilmente ser interpretado como uma forma de cooptar o Outro para uma experiência eurocêntrica moderna, baseando-se no pressuposto de que há uma similaridade universal na produção cultural. Por exemplo, as obras apresentadas por Van Eyck em suas conferências muitas vezes parecem removidas do contexto social e material de que provêm, indicando uma tradução descontextualizada para a estética da modernidade sujeita às tecnologias modernas: viagem, fotografia, mercado da arte, entre outros.

Gerd Baumann, ao tratar de uma forma similar de cooptação, emprega o termo "englobamento".[11] Englobamento é a construção da identidade que se faz por meio da apropriação de determinados aspectos do Outro, é a incorporação do diferente dentro do universal. Nas palavras de Baumann: "Você pode até precisar da minha alteridade para se definir, mas *meu* coração é grande o bastante para nós *dois*." Nessa gramática do englobamento, a categoria dos subordinados — neste caso, os não europeus — é adotada, subsumida à identidade — Humanidade — definida e controlada por aqueles que praticam o englobamento — os próprios europeus. Tal processo exclui qualquer possibilidade de existência de outros mundos de significados fora da modernidade, na medida em que assimila tudo aquilo que consegue compreender e elimina a diferença que não pode ser adaptada à estrutura da modernidade. O problema não é que significados, arquétipos ou modelos estéticos do Outro sejam incorporados pelas estruturas dominantes, o problema é o discurso que camufla essa apropriação como advento de uma cultura mundial, uma civilização *mondiale*, quando na realidade o Outro não tem voz, as relações de poder permanecem intactas. De certa forma, o discurso universalista modernista, tanto nas artes como na arquitetura, involuntariamente ajudou a esconder as dinâmicas subjacentes ao colonialismo, aquelas que, antes de mais nada,

[fig. 5]

Viagem ao território do povo Dogon, no Mali.
Foto de Aldo van Eyck, 1960.

[fig. 6]
Aldo van Eyck em viagem ao Saara, 1952.

permitiram a viagem da arte não europeia para instituições europeias.

Não é preciso dizer que o contato de Bo Bardi e Van Eyck com outras culturas nem sempre reproduzia essa gramática do englobamento, assim como eles não eram cúmplices da dinâmica colonial. Na realidade, eram extremamente sensíveis aos desdobramentos éticos impostos pela posição que ocupavam enquanto observadores privilegiados e criticavam duramente a tradição do pensamento ocidental, que Van Eyck chamava de "pensamento mecanicista".

Além disso, como explica Jaschke, em comparação com outras abordagens — como a do "museu imaginário", de Malraux —[12] o trabalho de Van Eyck com materiais etnográficos mostrava-se muito mais abrangente, "expunha e revelava tradições europeias, em vez de incorporar tradições não ocidentais".[13] Nos ensaios e artigos da revista *Forum*, não há referência sistemática à noção de universalidade. Seus textos estão mais para uma defesa do encontro entre culturas no qual novas imagens culturais seriam produzidas no *espaço-entre*, na imprevisibilidade das justaposições, nos desdobramentos labirínticos. É por isso que expressões como "afinidades" ou "características humanas elementares" devem ser reavaliadas e dissociadas de seus encontros mais pluriversais com o Outro.

O termo "afinidade", ao que tudo indica, surge como uma tentativa de fazer frente à ideia de apropriação e implica um conhecimento preexistente, algo a ser confirmado por meio do Outro, que, por sua vez, não é de fato necessário nem é devidamente valorizado. Ora, é como dizem: *excusatio non petita, accusatio manifesta* [desculpa não solicitada, acusação manifesta]. Qual seria o problema de admitir que a arte de vanguarda e a arquitetura holandesa do pós-guerra foram diretamente influenciadas por objetos etnográficos e pela experiência de viagens pelo mundo? Na ocasião da exposição Primitivism in Modern Art [Primitivismo na Arte Moderna], hoje considerada infame, os curadores William Rubin e Kirk Varnedoe discorreram sobre a tese de que Picasso já sabia de tudo que havia (re)descoberto com a arte da África, argumentando que ele chegaria ao mesmo resultado de qualquer maneira, com ou sem as máscaras africanas. Com a exposição, os curadores pretendiam defender a teoria de que há uma afinidade moderna/tribal na arte. De fato, a palavra "afinidade" entrou no debate público por conta desse evento específico, e foi uma das muitas razões para a reação negativa da maioria dos historiadores da arte e antropólogos. James Clifford, no artigo "Histories of the Tribal and the Modern" [Histórias dos tribais e dos modernos], critica a exposição e desconstrói a alegoria universalizante e extremamente problemática da afinidade.[14] Hal Foster, por sua vez, chama atenção para os pressupostos humanistas da exposição, que, segundo ele, só se sustentariam se o contexto das representações e as questões ideológicas a elas associadas fossem desconsiderados em benefício da autonomia da forma — "O critério era a Forma, o único contexto era a Arte e o principal tema era o Homem".[15] Na sua opinião, a exposição havia abstraído o moderno do tribal, os havia separado em dois conjuntos de objetos, que, então, poderiam ser "afinados": "Após essa dupla abstração, o que resta senão a afinidade?"[16]

Por meio da afinidade, a alteridade foi mitigada e o primitivo ficou a serviço da tradição ocidental.

[fig. 7]

Porto de Hong Kong, na China. Foto de Aldo van Eyck, data desconhecida.

[fig. 8]

Foto de viagem de Aldo van Eyck, provavelmente em Zanzibar, data desconhecida.

Cito Hal Foster porque ele propõe práticas primitivistas antitéticas que parecem construtivas para entender mais a fundo a relação desses dois arquitetos com o primitivo — ainda que o próprio Van Eyck se recusasse a usar o termo. De um lado, a operação da bricolagem, que valoriza os objetos tribais não por sua forma *raisonnable*, mas por sua heterogeneidade *bricolée*, por seu valor transgressivo. Do outro lado, o entendimento surrealista do primitivo como ruptura. Essas práticas opostas, insisto, também estão presentes no trabalho de Van Eyck, especialmente em *A criança, a cidade e o artista*, no qual ele segue mostrando que a cultura ocidental não é de forma alguma o todo perfeito bem-elaborado que parece ser, é, ao contrário, ela própria uma bricolagem.

Qual atitude prevalece? Será a do criador de mitos,[17] um ato de apropriação que reduz o conteúdo à forma, que abstrai até chegar à afinidade e à universalidade; ou será a do *bricoleur*, que desconstrói noções como as de afinidade moderna/tribal, ou de universalidade modernista, conceitos como o de uma essência primitiva imutável ou uma identidade ocidental estável, em que o Outro permanece sendo o próprio campo da diferença em que o sujeito surge para desafiar a presunção ocidental de supremacia? Van Eyck conseguiu ampliar o cânone tradicional ao rejeitar os conceitos dominantes de temporalidade, historicidade e de pensamento racional e não racional. De certa maneira, essa iniciativa foi influenciada por suas viagens, sua coleção de arte, suas leituras em etnografia, que culminaram em um conjunto de textos que, longe de defender a universalidade, desafia sistematicamente o logocentrismo do Ocidente.

ENTRE O MITO E A BRICOLAGEM

> Quando a gente nasce, não escolhe nada, nasce por acaso. Eu não nasci aqui, escolhi este lugar para viver. Por isso, o Brasil é meu país duas vezes.[18] – Lina Bo Bardi

Em *Des-Habitat*, releitura crítica da revista de arte e arquitetura *Habitat*, criada por Lina Bo Bardi em 1950, Paulo Tavares investiga como as figuras do *primitivo*, do *indígena* e do *selvagem* foram essenciais para a constituição do Modernismo no Brasil. De forma semelhante aos processos descritos antes, a revista de Bo Bardi destacava os objetos de seu meio social e espacial de origem, "apagando a violência colonial arraigada nos processos sociais que permitiram que tais imagens aparecessem nestas páginas como referências estéticas da linguagem moderna".[19] Alguns desses objetos foram parar na casa de Bo Bardi, que, ao longo dos anos, foi reunindo objetos de arte popular do Nordeste brasileiro. Van Eyck também possuía uma coleção similar. De fato, artistas e arquitetos europeus têm o costume de colecionar objetos indígenas e populares, exaltando-os de maneira um tanto quanto problemática.

Ainda assim, na reflexão de Bo Bardi acima, podemos identificar uma intenção subjacente que diverge dos discursos universalistas. Aldo van Eyck era um arquiteto europeu em busca de uma *Architecture Mondiale*. Lina Bo Bardi, por sua vez, era uma arquiteta europeia — *mondiale* — que desejava tornar-se brasileira, que escolheu ser brasileira. Em ensaio publicado pelo Canadian Centre for Architecture [Centro Canadense de Arquitetura], Ana María León também desconstrói

[fig. 9]

Foto de viagem de Aldo van Eyck, provavelmente na Indonésia, data desconhecida.

a interpretação simplista que se costuma fazer da obra e da coleção de arte de Bo Bardi. Ela afirma que, apesar de os esforços de Bo Bardi estarem situados no contexto de um comportamento colonial mais amplo, seu ofício de colecionadora era também "parte de uma realidade complexa, sendo ela uma italiana que vivia no Brasil, uma mulher em uma profissão dominada por homens, uma defensora do popular que levava uma vida confortável em um bairro rico [...]".[20] León percebe uma transição gradual entre os primeiros projetos de exibição de objetos de Bo Bardi para museus e o Sesc Pompeia (1977-82), antiga fábrica readequada para ser um centro de cultura e lazer de bairro; entre as primeiras exibições eurocêntricas e os objetos que ela reunia em casa. De novo um duplo procedimento, entre o mito do universalismo moderno e a bricolagem da pluriversalidade, que, em sua obra, deve estar associado à identidade, não à afinidade.

Bo Bardi e Van Eyck colecionavam arte indígena e popular, eram ávidos viajantes e escreviam incessantemente. O trabalho dos dois com outras culturas que não as suas próprias foi essencial para o desenvolvimento de sistemas arquitetônicos distintos no empenho de "forjar um outro presente" (Bo Bardi) ou "moldar uma nova realidade" (Van Eyck). Tudo o que foi descoberto por Van Eyck nas viagens que fez veio a contribuir e mesmo servir de base para a articulação de suas ideias voltadas para a reformulação dos conceitos da teoria da arquitetura. No caso de Bo Bardi, as referências parecem surgir de forma mais espontânea, em desenhos, anotações e textos. Um holandês que desejava compor um inocente *conjunto não hierárquico* de referências transculturais. Uma italiana que desejava tornar-se brasileira e buscou estabelecer uma relação com a cultura e o conhecimento popular brasileiros. Em seus esforços, conseguimos identificar tanto o criador de mitos — numa defesa do humanismo e da arquitetura moderna que esconde uma violência colonial — quanto o *bricoleur* — no surgimento da diferença como um desafio para a dominação ocidental. É preciso distinguir um do outro, revisitá-los e reconsiderar sua importância em um mundo formado por uma pluralidade de vozes de todos os lugares.

1
Conferência sobre Lina Bo Bardi no MASP, 1996. Aldo van Eyck discorre sobre Lina Bo Bardi, mas também sobre ele próprio e Hannie van Eyck. Transcrição pertencente ao Arquivo Max Risselada.

2
Teyssot, Georges. "Aldo van Eyck and the Rise of an Ethnographic Paradigm in the 1960s", *Joelho: Revista de Cultura Arquitectónica*, n. 2, pp. 50-67, 2011.

3
Avermaete, Tom. "Nomadic Experts and Travelling Perspectives". In: Avermaete, Tom; Karakayali, Serhat; Von Osten, Marion (orgs.). *Colonial Modern: Aesthetics of the Past, Rebellions for the Future*. Londres: Black Dog, 2010, pp. 130-51.

4
Sabatino, Michelangelo; Lejeune, Jean-François (orgs.). *Modern Architecture and the Mediterranean: Vernacular Dialogues and Contested Identities*. Londres: Routledge, 2010.

5
Conferência gravada em áudio. Arquivo Aldo van Eyck. Sem informação de data e local. AUDIO_11 Aldo van Eyck Archive.

6
Van Eyck, Aldo. *Aldo van Eyck: Writings* (vol. 1: *The Child, the City and the Artist*: *An Essay on Architecture, the In-Between Realm*). Ligtelijn, Vincent; Strauven, Francis (orgs.). Amsterdam: SUN, 2008.

7
Van Eyck, Aldo et al. "Het verhaal van een andere gedachte". In: *Forum*, 1959.

8
Jaschke, Karin. "Mythical Journeys: Ethnography, Archaeology, and the Attraction of Tribal Cultures in the Work of Aldo van Eyck and Herman Haan". Tese de doutorado, Universidade de Princeton, tese de doutorado, 2012, p. 28.

9
"Recordings of the last CIAM Meeting at Otterlo" [Registro em vídeo do último CIAM, em Otterlo]. Archive Jacob Bakema [Arquivo de Jacob Bakema] (NAI, Rotterdam), BAKE, n.p., "20a, Friday morning". Transcrição feita pelo autor.

10
Aldo van Eyck em palestra no Politécnico de Torino, 1994. VHS-8. Arquivo Aldo van Eyck.

11
Baumann, Gerd; Gingrich, Andre (orgs.). *Grammars of Identity/Alterity: A Structural Approach*. Nova York: Berghahn Books, 2006.

12
Malraux, André. *Le musée imaginaire* [1947]. Paris: Gallimard, 1965.

13
Jaschke, Karin. Op. cit., p. 237.

14
Clifford, James. "Histories of the Tribal and the Modern", *Art in America*, pp. 164-77, abr. 1985.

15
Foster, Hal. "The 'Primitive' Unconscious of Modern Art", *October*, vol. 34, pp. 45-70, 1985. Disponível em: https://doi.org/10.2307/778488.

16
Ibid.

17
Cabe frisar que lanço mão da interpretação que Hal Foster faz do famoso contraste engenheiro-*bricoleur* sugerido originalmente por Lévi-Strauss. Para Lévi-Strauss, o engenheiro é um agente racional, o cientista, enquanto o *primitivo* é um *bricoleur*, um criador de mitos. No entanto, para Hal Foster é o engenheiro que constrói o mito do progresso e do conhecimento objetivo.

18
Bo Bardi, Lina. "An Architectural Lesson". In: *Lina Bo Bardi, Stones Against Diamonds*. Londres, 2013, pp. 109-22.

19
Tavares, Paulo. *Des-Habitat: Revista das artes no Brasil*. Berlim: K. Verlag, 2021, p. 43.

20
León, Ana María. "Lina Bo Bardi as Migrant: From Collector to Cohabitant". In: Siddiqi, Anooradha Iyer; Lee, Rachel. *On Diffractions: Feminist Architectural Histories of Migration*. Montreal: CCA, 2021.

I-XIII

MUSEU DE ARTE DE SÃO PAULO – MASP
São Paulo
Projeto de Lina Bo Bardi, 1960-68

R. Itapeva
SUBWAY
R. Pamplona

II

III

IV

VI

VIII

IX

X

XI

XII

XIII

I-VII, IX, XI-XIII
Fotos: Aldo van Eyck

VIII, X
Fotos: Paul Meurs

JOGOS POSICIONAIS
Alguns argumentos expositivos de Lina Bo Bardi

ISABEL SANCHEZ

Décadas após o primeiro contato que teve com Lina Bo Bardi, em São Paulo, Aldo van Eyck reencontrou a obra da arquiteta em uma exposição que viu em Londres, em 1994. Bo Bardi já havia falecido, mas o evento suscitou em Van Eyck o ímpeto de retornar ao Brasil e visitar os edifícios construídos por ela. Um reencontro, portanto, por meio de uma exposição. O fato, quase trivial, alude a algumas singularidades da trajetória de Lina Bo Bardi e os diversos papéis que desempenhou na formulação dos eventos ou dispositivos que convém abarcar sob esse nome: *exposição*. É possível falar, a partir de termos atuais, em Bo Bardi como curadora, expógrafa, produtora cultural, mediadora, assistente, crítica e repórter de suas exposições. Enumerar essas diversas facetas significa reconhecer em sua obra uma aproximação de estratégias complexas de atuação cultural, que não seriam possíveis sem ampla compreensão por parte da arquiteta dos sistemas vigentes e dos potenciais que museus, exposições, revistas e jornais possuíam para a inserção no debate público.

As exposições — eventos efêmeros que marcam momentos de visibilidade pública — são dispositivos atrelados a histórias institucionais, vontades políticas, padrões de sociabilidade e disputas de poder. Através dessa lente, a obra de Lina Bo Bardi pode ser entendida em relação a outros agenciamentos, outras dinâmicas de circulação e consumo. Suas exposições permitem localizar, por exemplo, uma tensão relevante que hoje diríamos de ênfase curatorial: a aproximação entre cultura erudita e popular é um *Leitmotiv* do projeto intelectual de Bo Bardi desde que chegou ao Brasil. Muitos de seus textos, que adquirem facilmente o tom e a intransigência típica dos manifestos de vanguarda, reforçam sua defesa prioritária de dissolução de fronteiras e hierarquias entre erudito e popular. Mas Lina Bo Bardi procurava também *pensar* por meio de exposições, o que complica tudo. Em outras palavras, o formato *exposição* pressupõe códigos visuais complexos, sujeitos a muitas interpretações, seja a exposição pensada enquanto conjunto de perguntas e possibilidades, seja enquanto narrativa que se pretende fechada, determinada. A distinção entre esses dois caminhos pode alterar a recepção de discursos expositivos, mas também pode facilmente passar despercebida.

Uma das primeiras exposições realizadas por Bo Bardi no Museu de Arte Moderna da Bahia (Mamb) se intitula Ver a Pintura e é descrita pela arquiteta como uma "exposição de caráter didático que teve como principal objetivo a representação da expressão estética válida e não válida através da apresentação de quadros das diversas tendências [...] bem como exemplos de 'Naturezas-mortas' reais e fotográficas".[1] As exposições didáticas eram exercícios realizados desde 1947 por Lina Bo e Pietro Maria Bardi no Museu de Arte de São Paulo (MASP), onde uma série de painéis compostos por fotografias, documentos e reproduções coloridas sobre movimentos da história da arte preparava os visitantes para a contemplação da pinacoteca. No museu baiano sob a direção de Lina Bo Bardi, a mostra didática dialogava também com a produção artística local.

Por meio das fichas técnicas datilografadas para Ver a Pintura (que ainda encontramos no arquivo do Mamb) é possível compreender a variedade de ideias e objetos que compõem a narrativa proposta pelo evento. Bo Bardi discute a partir de obras exemplares o sistema acadêmico francês, o Impressionismo, o Cubismo, o Naturalismo. As obras mobilizadas podiam ser originais ou reproduções. No primeiro caso, alguns suportes que aparecem em imagens da época sugerem um protótipo dos cavaletes de vidro do MASP, na avenida Paulista, ainda que sem permitir o uso de legendas no verso da obra, pois os quadros no Mamb eram sempre dispostos na frente de cortinas que dividiam os ambientes.[fig. 1] As fichas de texto eram fixadas em painéis adensados por imagens que certamente compunham o argumento dessas mostras-aulas. Em dois dos cartões mais curiosos, lê-se:

> *Maurice de VLAMINCK (Paris, 1876 — Rueil, 1958)*
> *(Empréstimo do Museu de Arte de São Paulo)*
> A pintura da madureza de Vlaminck, naturalista e acadêmica, pode ser tomada como exemplo de pintura conformista que, em um grau mais

[fig. 1]

Projeto expositivo com cortinas e pedestais para a exposição A. Bandeira, Museu de Arte Moderna da Bahia (Mamb), Teatro Castro Alves, Salvador, 1960.

[fig. 2]

Fotografia de peso de papel, encontrada entre os documentos da exposição Ver a Pintura, realizada em 1960, no Museu de Arte Moderna da Bahia (Mamb).

baixo é a "pintura por antonomásia", a pintura assim como é chamada comumente. O grande pintor "fauve", o Vlaminck "popularesco" e Vangoghiano está distante. Estamos aí no nível dos quadros de um salão qualquer, ou de saletas de consultório.

Fotografia de um peso de vidro veneziano (Ennes Mello)
A fotografia, que se anunciava como exata reprodução da realidade, revelou também sua metafísica. Meio vastíssimo de expressão, é, como a pintura, um meio para ver além das coisas. Este ensaio fotográfico é uma procura de expressão formal. Um querer dar um "outro sentido" a um objeto real como um peso de papel. Neste caso, é um sentido de geometria equívoca e misteriosa.[2]

Os cartões, cheios de adjetivos, falam indiretamente sobre a posição privilegiada de Bo Bardi e a facilidade de trânsito entre obras da coleção do MASP, museu dirigido por Pietro Maria Bardi, e o recém-criado Mamb: a exposição Ver a Pintura tinha duração de apenas duas semanas e mesmo assim foi contemplada com um quadro de Maurice de Vlaminck. Esses pequenos textos falam também sobre a justaposição entre uma pintura de um fauvista francês e uma fotografia de Ennes Mello, estudante de arquitetura e fotógrafo que Lina Bo Bardi conheceu em Salvador, em 1958. A fotografia do estudante é, inclusive, a única imagem arquivada sobre a exposição.[fig. 2] Talvez por serem eventos de curtíssima duração, cuja montagem acontecia de forma improvisada no *foyer* do Teatro Castro Alves. Talvez porque essas exposições não envolvessem grandes esforços de pesquisa original, se alternando entre mostras monográficas que dialogavam com uma agenda regional de artistas estabelecidos e as exposições didáticas, praticamente aulas de história da arte organizadas por Bo Bardi a partir de materiais diversos.

No breve experimento de Ver a Pintura, Bo Bardi tem liberdade para transitar e emitir opiniões contundentes sobre certas categorizações da história da arte, através do diálogo entre obras de procedências muito distintas. Falar, por exemplo, de "expressões estéticas válidas e não válidas".[3] A ênfase argumentativa não significa que o discurso da arquiteta não possa ser questionado, mas o formato das exposições didáticas, bastante unilateral, deixava pouca margem de interpretação. Quando, no entanto, as categorias de erudito e popular são tensionadas em duas de suas exposições de maior fôlego, Nordeste (1963) e A Mão do Povo Brasileiro (1969), essas, sim, envolvendo muita pesquisa original, as disputas e os significados de visibilizar ideias via exposição, em espaços de poder, se complexificam.

A exposição Nordeste, realizada em 1963 no conjunto edificado do Solar do Unhão, era explicitamente dividida em duas partes: no edifício principal do século XVII, restaurado por Lina Bo Bardi, cerca de mil objetos de produção "popular" ocupavam dois andares, junto à escada de madeira projetada pela arquiteta a partir de sistemas de encaixe usados na construção de carros de boi. Em um galpão lateral, de espacialidade menos interessante, estavam expostos duzentos trabalhos de artistas contemporâneos da Bahia, do Ceará e de Pernambuco.[fig. 3]

[fig. 3]

Vista da exposição Nordeste, com suportes de madeira para as obras, no galpão lateral do conjunto do Unhão, Salvador, 1963.

[fig. 4]

Vista da exposição Nordeste, no andar inferior do Solar do Unhão, com estantes finas, suportes individuais e tablados para os objetos mais pesados, Salvador, 1963.

[fig. 5]

Vista da exposição Nordeste, andar superior do Solar do Unhão, com estantes contínuas reunindo objetos pequenos, Salvador, 1963.

Dentro do casarão principal do Unhão, o pavimento térreo concentrava objetos maiores e mais pesados, como carrancas do rio São Francisco, uma jangada, seis grandes pilões, e a distância estabelecida entre eles condicionava a ocupação pulverizada de todo o espaço com suportes individuais ou finos.[fig. 4] O pavimento superior reunia uma vasta coleção de miudezas (panelas, vasos, potes, colheres, cestos, fifós, armas) em grandes estantes contínuas, que simplificavam o layout e a leitura do conjunto.[fig. 5] A quase totalidade dos objetos era exposta em estantes de tábuas de pinho, que remetiam à ambientação de feiras nordestinas e armazéns de secos e molhados. A cor clara do pinho não deixava de oferecer um fundo homogêneo, que contrastava com os objetos coloridos principalmente no segundo andar, e a disposição dos itens seguia alinhamentos rigorosos.

Uma carta escrita pelo artista Francisco Brennand a Lina Bo Bardi, enquanto ambos trabalhavam na reunião das obras que resultariam em Nordeste, indica uma diferença importante relativa à curadoria dos artistas contemporâneos, no galpão lateral, e a mostra do casarão principal:

> Felizmente já juntamos bastantes peças para a Civilização do Nordeste. [...] O Museu Joaquim Nabuco começa a separar e embalar suas peças. [...] Um nosso amigo o escritor Marcos Villaça teve com o seu pai a boa ideia de juntar velhos materiais de engenhos para a organização de um futuro museu. [...] Enfim, nesse setor tudo caminha e penso que não teremos maiores embaraços. Não posso dizer o mesmo quanto a nossa iniciativa de convidar

> os artistas plásticos recifenses para a exposição do Unhão. Pensamos nos melhores nomes, naqueles que representariam de uma maneira ou de outra as diversas tendências da pintura e escultura pernambucana. [...] Partindo como partiu de mim, a notícia e transmissão do convite fiquei numa bem delicada posição de não saber explicar por que escolhera determinados nomes e excluíra outros...[4]

A carta de Brennand sugere algumas dificuldades em realizar panoramas quando as categorias tradicionais do sistema das artes, como autoria e periodização, são mantidas, entrando em cena questões de sociabilidade e poder. Não há problemas em selecionar *velhos materiais de engenho*, mas o escultor Francisco Brennand se constrange ao ter de realizar um exercício curatorial, de escolha de alguns artistas de sua cidade, certamente amigos próximos, em detrimento de outros. Uma dinâmica típica dos restritos círculos sociais em que se decidem e legitimam os conceitos da *arte brasileira*. Na realidade, a exposição "paralela", de difícil composição para Brennand, não era tema de grande importância para Lina Bo Bardi, que não se interessava em discutir a arte produzida no Nordeste nos moldes do sistema das artes europeu. Ela considerava essa produção contemporânea elitista, derivativa e sem futuro. A presença de artistas já estabelecidos na exposição era resultado de outras negociações constrangidas entre Bo Bardi e personalidades da elite cultural da Bahia. Para a arquiteta, a seleção a ser feita era fácil: a potencialidade de desenvolvimento artístico e industrial do Nordeste (e do Brasil) estaria no conhecimento e na inventividade

[fig. 6]

Visita de estudantes ao MASP, com pinturas de Pierre-Auguste Renoir nos cavaletes de vidro, na pinacoteca, inaugurada em 1969. Foto de 1983.

do homem comum, nas soluções urgentes realizadas a partir da escassez, nas latas, nas colheres e nos fifós. Uma simplificação feita pelo olhar estrangeiro (quase colonial?) que desconsiderava os circuitos já existentes entre as intelectualidades nordestinas para pensar a arte moderna desde os anos 1930. Simplificação que certamente compôs o cenário de sua demissão voluntária da diretoria do Mamb e da saída da Bahia em 1964.

Cinco anos mais tarde, quando o edifício do MASP na avenida Paulista era inaugurado, mais uma vez popular e erudito ocupavam andares diferentes, em meio a dois projetos expográficos de Lina Bo Bardi muito distintos. Ao contrário dos conflitos envolvidos na escolha de itens para a exposição do Solar do Unhão, na abertura do MASP não parece ter havido problematizações sobre as categorias que separavam as obras de cada andar: os quadros expostos em cavaletes de cristal[5] no pavimento superior, da pinacoteca, compunham a maior coleção de arte europeia da América Latina.[fig. 6] Um andar abaixo, a exposição A Mão do Povo Brasileiro fechava uma espécie de ciclo curatorial de Lina Bo Bardi, reunindo artefatos de cultura popular provenientes de coleções particulares, museus, galerias, universidades, antiquários, lojas, feiras.

Em A Mão do Povo Brasileiro o espaço expositivo não possuía divisórias intermediárias, as únicas obstruções visuais sendo os próprios objetos. As duas paredes longitudinais da grande sala retangular foram cobertas com tábuas de pinho e, ao centro, três fileiras de tablados foram dispostas em ritmo regular. De modo geral, objetos menores e tecidos ocupavam as paredes, como ferramentas em uma oficina, enquanto os artefatos mais volumosos (carrancas, bonecões, urnas funerárias) estavam dispostos na porção central do salão. A madeira clara de pinho dos suportes contrastava, nesse caso, com o novo edifício construído para o museu: no teto, o grid aparente de canaletas e lâmpadas regularmente espaçadas, além de grandes dutos e grelhas de ventilação; no chão, o piso escuro de borracha, em placas quadradas corrugadas; os blocos vazados pré-moldados, visíveis na parede dos fundos. A iluminação geral era difusa, ao modo da pinacoteca do segundo andar.[fig. 7]

Os documentos associados a esses primeiros momentos de existência do MASP avenida Paulista não sugerem uma tensão entre as duas exposições que inauguram o museu: parece haver uma percepção de que ali convivem universos distintos. Mesmo em meio a toda a retórica de Lina Bo e Pietro Maria Bardi em favor da democratização da arte, e das aproximações entre erudito e popular, não era aquele o tempo de alçar objetos do pavimento inferior à condição de obras da pinacoteca, no andar superior. Os projetos expográficos da arquiteta — uma última maneira como Lina Bo Bardi pensava e argumentava por meio de exposições — propiciam, no entanto, uma proposta em sentido inverso, um debate sobre os quadros da pinacoteca a partir de bases comuns aos objetos de A Mão do Povo Brasileiro. Pois as estantes e os tablados de pinho compartilham mais com os cavaletes de vidro do que sua materialidade faz pensar inicialmente. A relação está em algo percebido, inclusive, por Aldo van Eyck, em um texto de 1997 sobre o Museu de Arte de São Paulo:

> Num certo sentido — o sentido errado —, pinturas em paredes tendem a ser vistas como janelas para um outro mundo, mas isso nega

[fig. 7]

Vista da exposição A Mão do Povo Brasileiro, MASP, 1969.

> a realidade tátil de sua superfície pintada, a existência física de algo realmente feito — com tinta e pincel, pincelada após pincelada — no espaço. [...] Lina Bo Bardi, imbuída como estava da realidade do dia a dia, da história e do espírito da vanguarda do século XX, sabia exatamente o que estava fazendo. Com visão penetrante ela iluminou o antigo conflito pintura *versus* parede, desvendando um dilema infeliz à sua própria e maravilhosa maneira.[6]

Assim como os suportes de pinho remetiam às feiras, lojas e oficinas da vida rural brasileira, onde os artefatos expostos podiam ser encontrados cotidianamente, em diversas etapas de seu ciclo de produção e consumo, também os cavaletes da pinacoteca resgatavam o momento de criação do outro tipo de artefato que suportavam: as pinturas europeias, lidas a partir de códigos estabelecidos desde o Renascimento, quando da criação do que entendemos por História da Arte. Abrindo caminho para a realidade tátil das obras, e fazendo da exposição um discurso sobre as condições de produção e existência dos objetos fora do espaço museal, Lina Bo Bardi estabelecia condições comuns a tudo que se convencionou chamar ou não de arte, expondo algo dos métodos e processos que os traziam ao presente e indicando simples, mas crucialmente, sua historicidade.

A força de um argumento sofisticado pode passar despercebida, assim como é difícil entender e discutir exposições enquanto projetos. Pela mesma razão, ainda que exista certo consenso sobre a atitude prospectiva da atuação que hoje diríamos curatorial de Lina

Bo Bardi em Nordeste, até o presente os artefatos que compunham a exposição são discutidos em suas categorias, sua utilidade e a partir de indagações sobre como Bo Bardi imaginava transformá-los em desenho para a industrialização do Brasil. É claro que o fascínio da arquiteta pelos artefatos em si, as diversas viagens que realizou para colecioná-los e a atenção dedicada às maneiras de expor permitem leituras desse e de outros eventos enquanto mais um de seus manifestos contundentes, de narrativas fechadas. A energia despendida em colecionar objetos e torná-los centrais em mostras sobre a cultura material nordestina nublou o fato de que talvez Bo Bardi atribuísse maior importância aos processos, métodos e inteligências dos quais os objetos expostos são materialização. Suas coleções se tornaram, elas mesmas, os assuntos e objetos de análises diversas, respondendo também às vias como as artes ditas *populares* caminharam nos circuitos ambíguos e nos discursos movediços das culturas brasileiras. É por meio do tornar públicas as escolhas curatoriais e expográficas — e todas as pessoas, ideias, vontades e disputas envolvidas nessa missão — que o trabalho da arquiteta se abriu para inúmeras interpretações e esbarrou nas cristalizações que qualquer comunidade de sentido constitui inevitavelmente. Mas são também essas dimensões que extrapolam o legado edificado de Bo Bardi e, num plano coletivo, explicitam o alcance da arquitetura como prática intelectual.

1
"Mamb não é museu: É escola e 'movimento' por uma arte que não seja desligada do homem", *Jornal da Bahia*, Salvador, 21 set. 1960.

2
Cartões de textos da exposição Ver a Pintura. Fichário exposições 1960. Arquivo histórico do Museu de Arte Moderna da Bahia [1960].

3
Jornal da Bahia, op. cit.

4
Brennand, Francisco [Correspondência]. Destinatário: Lina Bo Bardi. Recife, 14 ago. 1963. 1 carta. Arquivo histórico do Museu de Arte Moderna da Bahia.

5
Essa é uma nomenclatura da própria Lina Bo Bardi para os dispositivos que, na realidade, são compostos por placas de vidro.

6
Eyck, Aldo van. "A superlative gift: on Lina Bo Bardi". In: Eyck, Aldo van. *Aldo van Eyck: Writings*. Amsterdam: SUN, 2006, p. 639.

O PONTO DE VIRADA
Desenvolvimentos paralelos nos projetos expositivos de Aldo van Eyck e Lina Bo Bardi

JORN KONIJN

Em maio de 1968, Aldo van Eyck viajou a Milão para a abertura da XIV Trienal de Arquitetura, onde apresentaria sua exposição The Enigma of the Vast Multiplicity [O Enigma da Vasta Multiplicidade]. Maio de 68 também foi marcado pelo início dos protestos estudantis em diversos lugares do mundo, cujo impacto afetou profundamente a trienal e a exposição de Van Eyck. Os estudantes milaneses entenderam a trienal como um símbolo do estilo de vida burguês e, um dia antes da abertura, decidiram ocupar o edifício e destruir as obras em exibição. Após semanas de ocupação, os estudantes foram expulsos, as exposições passaram por reparos e a trienal foi reaberta sob escolta policial. Àquela altura, Van Eyck já havia partido de Milão, depois de ter compartilhado sua opinião sobre os acontecimentos com uma jornalista da BBC. O vídeo da reportagem mostra um Van Eyck visivelmente irritado, esforçando-se ao máximo para abafar a raiva: "Ainda não ouvi uma palavra de consolo", diz ele. Com desdém, ele segue criticando "os artistas medíocres de Milão", que ficaram do lado dos estudantes e não conseguiram dar "um único argumento convincente que justificasse a ocupação".[1] Na entrevista, Van Eyck exibe um misto de frustração, cinismo e raiva contida que mais tarde caracterizaria suas aparições públicas, em que disparava críticas a tudo e a todos, como à arquitetura pós-moderna, a jornalistas de arquitetura e até aos companheiros de Team 10.[2]

O tom sombrio e pessimista que exibe na reportagem também estava presente na exposição que fizera em Milão. O Enigma da Vasta Multiplicidade não incluía nenhum projeto arquitetônico, em vez disso Van Eyck exibia sua visão soturna do mundo por meio de uma instalação particularmente desalentadora, composta de espelhos quebrados, elementos espaciais confusos, fotografias de grandes dimensões e trechos de textos. Tematicamente, a exposição abrangia a Guerra do Vietnã, desastres ecológicos e o fracasso potencial da arquitetura funcionalista, que não conseguiu realizar projetos de habitação significativos. Essa seria a exposição mais radical e experimental que Van Eyck jamais criaria.[3]

Na mesma época, no Hemisfério Sul, Lina Bo Bardi sentia-se igualmente desiludida. Ela havia passado cinco anos em Salvador, trabalhando como diretora do Museu de Arte Moderna da Bahia (Mamb) e do Museu de Arte Popular (Map), que havia concebido como um novo modelo de museu. O Mamb e o Map eram diferentes do Museu de Arte de São Paulo (MASP), cujo desenvolvimento, projeto e curadoria Bo Bardi e seu marido, Pietro Bardi, vinham realizando desde 1947. Tanto o estilo arquitetônico do MASP quanto seu conceito descendem da tradição modernista europeia. O acervo era predominantemente constituído de obras-primas da história da arte da Europa, tendo sido pensado como um museu para rivalizar com os museus do Hemisfério Norte contemporâneos a ele. Já as coleções do Mamb e do Map incluíam não apenas obras de arte moderna, mas também objetos do dia a dia e arte popular.[4] Ambos foram idealizados como centros culturais, espaços onde o artesanato local e as obras de artistas modernos pudessem conviver, "para desfazer a superioridade elitista da arte com relação ao utilitário".[5]

> [...] não foi um museu no sentido tradicional: dada a miséria do Estado pouco podia "conservar"; suas atividades foram dirigidas à criação de um movimento cultural, que [...] pudesse, lucidamente, [superar] as fases [...] do Ocidente.[6]

Em 1964, no entanto, o golpe militar entrou em curso no Brasil e o Mamb chegou a um impasse. Quando Lina Bo Bardi viu parte de sua equipe montando uma exposição organizada pelo Exército, renunciou ao cargo. Três anos depois, ela lançou "Cinco anos entre os brancos", texto amargo, em que reflete sobre sua experiência na Bahia. No artigo, Bo Bardi exibe um tipo de frustração, cinismo e raiva que evoca Van Eyck na entrevista de Milão para a BBC. Ela atribuia à "ingerência de elementos alheios" a paralisação do programa progressista do museu, que, enfatiza, representava um esforço para deixar para trás o estágio de "colonialismo cultural". Decepcionada com a postura passiva de artistas com quem vinha trabalhando, pessoas com quem antes se identificava, Bo Bardi conclui, colérica, que os cinco anos de trabalho duro só haviam servido para revelar "atitudes, covardias, defecções, velhacarias".[7] Palavras especialmente duras, que revelam como Bo Bardi estava pessoalmente afetada pela situação.

Tanto o Mamb de Bo Bardi quanto a exposição O Enigma da Vasta Multiplicidade, de Van Eyck, representaram rupturas violentas. Ambos marcaram um ponto de virada na forma como esses artistas pensavam a arquitetura modernista, sobretudo no que se referia à crença modernista na arquitetura como instrumento fundamental para o desenvolvimento das chamadas culturas "primitivas". Este ensaio pretende analisar como as diversas similaridades temáticas e espaciais entre os projetos expositivos de Bo Bardi e de Van Eyck, criados independentemente um do outro, podem ser consideradas indicadores dessa mudança de perspectiva. Esses projetos deram a eles a oportunidade de desenvolver suas teorias de modos mais amplos, e também de levar suas novas ideias a um público mais amplo.

Lina Bo Bardi (1914-92) e Aldo van Eyck (1918-99) trabalharam com projetos expositivos desde o início de suas carreiras. O primeiro projeto expositivo de Van Eyck, um projeto revolucionário, foi para a mais importante exposição do grupo CoBrA, no Stedelijk Museum Amsterdam, em 1949, na qual abandonou a disposição tradicional de quadros pendurados nas paredes na altura do olhar, escolhendo posicioná-los em diferentes pontos do espaço, do piso ao teto, e até sobre plataformas no chão. "Pinturas, desenhos, litografias e águas-fortes são criadas horizontalmente, não na posição vertical", explicava Van Eyck, "sendo assim, eu as apresentei na horizontal".[8] Bo Bardi oferece uma explicação similar para justificar a exibição de pinturas em cavaletes de vidro em seu famoso projeto expositivo para o MASP: "Um quadro nasce no ar, num cavalete" — sendo assim, é necessário apresentá-lo dessa forma.[9] [fig. 1] Por meio desses modelos experimentais de exibição, Van Eyck e Bo Bardi transpuseram a realidade do momento da criação da obra para a forma de apresentá-la, e, como pretendiam, mudaram a relação entre a obra e o espectador.

Essas novas maneiras de expor obras de arte eram parte de um movimento de transformação de ideias relacionadas às formas de ver, ou melhor, experienciar a arte. De acordo com Van Eyck, "cada obra deve provocar uma sensação!", e, buscando isso, ele lançou mão de diversas estratégias, tanto materiais — espalhando as obras pelas paredes e pelo chão, deliberadamente obstruindo a passagem das pessoas, utilizando trilhas sonoras para estimular experiências sensoriais — quanto abstratas.[10] Na exposição do grupo CoBrA, ele incluiu textos provocativos, com a intenção de despertar, evocar e estimular a imaginação do espectador.

Bo Bardi apresentou uma abordagem similar em seus primeiros projetos expositivos. Em 1946, três anos antes da primeira exposição de Van Eyck e um ano antes de deixar a terra natal, a Itália, rumo ao Brasil, ela já havia começado a tirar os quadros das paredes, compondo uma atmosfera teatral, criando associações não hierárquicas que conferiam à exposição uma camada subjetiva e didática.[11] Ao retirar a imagem da parede, Bo Bardi também alterou a representação simbólica da pintura, que passou de janela para o mundo a gesto físico no espaço, permitindo que o espectador se aproximasse da obra pela frente, pela lateral e pelo verso.[12]

[fig. 1]
Cavaletes de vidro na Pinacoteca do MASP, 1970.

[figs. 2, 3]

Projeto expositivo de Aldo van Eyck para a mostra de Joost van Roojen, no Van Abbemuseum, Eindhoven, 1969.

Aldo van Eyck testou essa ideia de retirar as obras de arte das paredes, espalhando-as pelo espaço do museu em alguns de seus projetos, sendo o exemplo mais notável o da exposição de Joost van Roojen no Van Abbemuseum, em Eindhoven, na Holanda, realizada em março de 1969, apenas dez meses depois da frustrante experiência em Milão. Para a exposição de Joost van Roojen, Van Eyck projetou estruturas independentes para a exibição das obras, feitas de painéis semiabertos, no estilo do que Bo Bardi vinha fazendo.[figs. 2, 3] Com isso, Van Eyck pretendia "preencher" e "dividir" os espaços do museu, enquanto o desenho da exposição também dava ao espectador a oportunidade de ver "diferentes obras ao mesmo tempo, do mesmo ponto de vista, o que confirmava o elemento de eterna surpresa contido na unidade da obra".[13] Os painéis semiabertos davam a impressão de que os quadros flutuavam no espaço, e diferentes camadas de pinturas e objetos podiam ser capturadas numa mesma visada, efeito potencializado pelo uso de espelhos. Com essa maneira de exibir as obras, ele permitia que fossem observadas eliminando a hierarquia entre elas.

No mesmo mês, em março de 1969, Lina Bo Bardi apresentou seu célebre projeto expositivo dos cavaletes de vidro, que também buscava um efeito não hierárquico de observação das obras. Mas enquanto Van Eyck apresentava obras contemporâneas de um único artista, Bo Bardi assumiu o desafio de apresentar obras-primas clássicas, de diversos gêneros, origens e contextos. Ao dispor as obras de maneira aparentemente aleatória, flutuando no espaço, ela possibilitou aos visitantes a oportunidade de agrupar as pinturas, cada um a sua maneira, livre das hierarquias históricas e do peso do modelo museológico tradicional.[14] Além disso, Bo Bardi posicionou as legendas descritivas de cada obra no verso dos trabalhos — com isso o observador apreciaria primeiro a obra de arte em si, antes de conhecer a autoria. "Elas não dizem 'deves admirar, é um Rembrandt', mas deixam ao espectador a observação livre e o prazer da descoberta", declarou Lina.[15]

Bo Bardi partia do princípio de que o público brasileiro nunca tinha tido contato com as noções restritas e preconcebidas da história da arte europeia, ou seja, acreditava que seu público era "isento", e fez de tudo para evitar comprometer essa suposta isenção.[16] "No Brasil, o observador 'isento' fica livre para apreciar as obras simultaneamente, em uma nova leitura possível, viável a uma nova civilização."[17] Esses "observadores isentos" seriam aqueles das comunidades sociais intocadas pelo processo de industrialização que havia moldado a cultura ocidental. Bo Bardi encontrou comunidades como essas na Bahia, mas acreditava que eram apenas exemplos comparáveis a muitas outras pelo mundo. Em 1959, em uma declaração sobre a primeira exposição com projeto e curadoria seus, cujo tema era a cultura da Bahia, afirma: "Estamos mostrando a Bahia. Mas poderíamos ter escolhido a América Central, a Espanha, a Itália meridional, ou qualquer outro lugar onde o que chamamos de 'cultura' não tivesse chegado."[18]

Talvez ainda mais que Bo Bardi, Van Eyck estava à procura de sociedades. Em 1947, ano em que ela foi da Itália para o Brasil, ele embarcou na primeira de muitas viagens que faria à África, buscando lugares "onde costumes arcaicos primitivos haviam sobrevivido, a despeito da civilização ocidental".[19] Van Eyck acreditava que o homem extraía significado de arquétipos atemporais, características inerentemente humanas, que não se limitavam às comunidades que havia conhecido na África. Estes seriam elementos que "todos carregam dentro de si".[20]

O trabalho de Bo Bardi na Bahia guarda semelhanças com a investigação de Van Eyck. Foi na Bahia que ela começou a pensar em estratégias para escapar aos dilemas impostos pela modernização às sociedades primitivas. Nesse processo, foi influenciada pela "teoria da dependência", que surgiu como resposta à modernização. Enquanto as teorias da modernização pressupunham que todas as sociedades haveriam necessariamente de passar pelos mesmos estágios de desenvolvimento, e que, portanto, os lugares subdesenvolvidos encontravam-se na mesma situação em que lugares atualmente desenvolvidos estiveram em algum momento do passado, a "teoria da dependência" rejeitava essa visão.

Seu argumento era de que os chamados países subdesenvolvidos não seriam meramente "versões primitivas" dos países desenvolvidos, mas, ao contrário, possuiriam características e estruturas próprias.[21] Na Bahia, Bo Bardi assistiu aos efeitos da modernização acelerada, que impunha ameaças à existência de conhecimentos populares e à arquitetura vernacular.[22] Ela passaria a criticar de forma cada mais contundente a modernização acelerada, tal qual Van Eyck.

No entanto, assim como Van Eyck, Bo Bardi não rejeitou a modernidade por completo. De acordo com o antropólogo argentino Néstor García Canclini, Lina pode ser considerada, ao mesmo tempo, moderna *e* popular, na medida em que criava "constantemente estratégias para entrar e sair da modernidade".[23]

Ainda que seus projetos expositivos exibissem características que podem ser consideradas *tanto* modernas *quanto* populares, as temáticas que priorizou a partir dos anos em que passou na Bahia estavam estreitamente ligadas à cultura popular.

Pode se considerar, portanto, que suas exposições produziam uma "polinização cruzada e zonas de contato" entre uma faceta e outra, e seriam com isso exemplos representativos do modo de Bo Bardi entrar e sair da modernidade.[24] García Canclini chamaria esse processo de prática *modernista antropológica*.

O encontro de Bo Bardi com a cultura e com a vanguarda da Bahia pode ter impulsionado as transformações de sua prática nas áreas da arquitetura e da cultura. Essa vanguarda baiana estava interessada nos saberes locais, nas expressões populares, vernaculares, e na valorização de manifestações culturais que emergiam no contexto de pobreza material. Esse encontro teve grande impacto na vida, nas ideias e na obra de Bo Bardi, e representou o que o antropólogo Antonio Risério interpretou como "um esforço para libertar-se do cânone ocidental".[25] Bo Bardi enfatizou essa libertação — consequentemente distanciando-se de sua Europa natal — ao dizer que adotara o Brasil como o seu país. "Eu não nasci aqui, escolhi este lugar para viver. [...] é minha pátria de escolha, e eu me sinto cidadã de todas as cidades."[26]

O primeiro projeto que veio a mostrar essa mudança de atitude advinda de seu encontro com a cultura baiana foi a exposição Bahia no Ibirapuera, de 1959, com curadoria de Bo Bardi, em colaboração com um grupo de artistas e intelectuais baianos, como o diretor de teatro Martim Gonçalves, o artista Mário Cravo Júnior e

[fig. 4]

Inauguração da exposição Bahia no Ipirapuera, apresentada na 5ª Bienal de Arte de São Paulo, 1959.

[fig. 5]

Vista da exposição A Mão do Povo Brasileiro, MASP, 1969.

o cineasta Glauber Rocha. Bahia no Ibirapuera foi uma exposição antropológica apresentada em São Paulo sobre arte popular e objetos de uso diário da cultura sincrética baiana.[27] Duas árvores abstratas ocupavam o centro do espaço expositivo, cujo piso estava coberto por folhas secas de eucalipto, numa alusão ao ritual do candomblé, em que folhas de pitanga são espalhadas pelo chão.[fig. 4] A ambientação teatral da exposição afastava-se dos estereótipos das representações etnográficas, e foi concebida para ser mais uma instalação espacial do que uma exposição tradicional.[28]

Bahia no Ibirapuera marcaria o início de uma série de exposições desenvolvidas a seguir por Bo Bardi no Mamb, nas quais explorou diversos elementos de sua nova área de interesse. Esse interesse teve seu ápice na exposição A Mão do Povo Brasileiro, realizada no MASP em 1969. Segundo Bo Bardi, a exposição era a "apresentação da criatividade e das possibilidades do fazer cotidiano, não uma coleção de arte como consolação à pobreza".[29] A proposta era trazer a arte e a cultura popular para dentro do museu, mostrando um panorama da rica cultura material do Brasil, dessa vez não se limitando apenas ao Nordeste, mas abrangendo todas as regiões do país, assim como a produção de pessoas indígenas e negras. A exposição trazia cerca de 2 mil objetos, desde tecidos, roupas, móveis, ferramentas e utensílios de cozinha, até instrumentos musicais, enfeites, brinquedos, estátuas de santos e figuras religiosas, passando por pinturas e esculturas.[fig. 5] A temporalidade era também abrangente, incluía obras e artefatos produzidos desde o período colonial até a década de 1960. No texto que acompanhava a exposição, Bo Bardi convidava os visitantes a não "contemplar belas imagens, mas a pensar sobre a criação artística e a produção de objetos com poucos recursos".[30] Essa simplicidade de recursos relacionava-se com a condição de pobreza e escassez de materiais, que, no entender de Bo Bardi, levava a soluções extremamente criativas e manifestações artísticas riquíssimas.

A exposição O Enigma da Vasta Multiplicidade, de Van Eyck, foi concebida em parte como instalação sensorial, parte como exposição de arte, parte como denúncia pessimista da arquitetura funcionalista, da destruição da natureza e das intervenções militares americanas, tudo isso apreendido como um gesto espacial.[fig. 6] Ao entrar na instalação por um ambiente escuro, repleto de troncos de árvores abstratos, os visitantes eram confrontados com a própria imagem refletida em espelhos quebrados que cobriam as paredes da exposição de cima a baixo. Nesses espelhos, viam sua imagem multiplicada, fragmentada, distorcida. Ao mesmo tempo, risadas — por vezes altas, por vezes suaves — podiam ser ouvidas nos alto-falantes instalados no espaço expositivo.[31]

Na sala seguinte, o público encontrava duas fotos de grandes dimensões. A primeira, de um monótono bairro-novo-modernista acompanhada do texto "Tão pouco a partir de tanto". A segunda foto exibia uma favela de Hong Kong cheia de vida, com os dizeres: "Muito a partir de tão pouco". No texto da exposição, Van Eyck declarava:

> Uma: dura, rígida, monótona e impessoal — uma cena de uma vida inflada, apesar de ou por causa da riqueza, da segurança e de direitos consideráveis. A outra: flexível, única, reflexo da intensa participação individual,

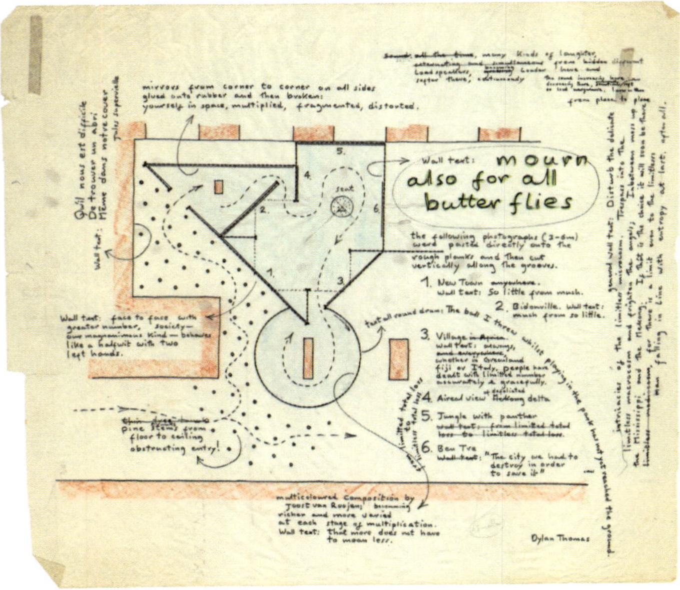

[fig. 6]

Planta baixa da exposição The Enigma of the Vast Multiplicity [O Enigma da Vasta Multiplicidade], por Aldo van Eyck.

[fig. 7]

Vista da exposição The Enigma of the Vast Multiplicity [O Enigma da Vasta Multiplicidade], por Aldo van Eyck, 1968.

apesar de ou por causa da pobreza, da insegurança e da ausência de direitos.[32]

Em seguida, os visitantes podiam ver uma enorme fotografia aérea de uma aeronave espalhando veneno sobre o delta do rio Mekong, no Vietnã.[fig. 7] Depois, outra fotografia, também de grandes dimensões, da cidade vietnamita de Ben Tre após um bombardeio. O clima geral da exposição de Van Eyck era de desalento, intensificado por uma frase estampada em letras garrafais na parede: "Lamentem também por todas as borboletas". Mesmo a colorida obra vanguardista de Joost van Roojen, posicionada no final da exposição, não era capaz de levantar o ânimo do público.

A legenda "Muito a partir de tão pouco" acompanhava a imagem da favela, enfatizando o que o arquiteto considerava "uma visão da engenhosidade humana, fonte de inspiração para o pensamento criativo e uma espécie de antídoto para a ameaça do planejamento burocrático".[33] Van Eyck alertava que "as favelas haviam desaparecido em algumas regiões ricas do mundo; agora veremos como o espírito da favela poderá emergir e invadir as ideias de novo".[34] "Muito a partir de tão pouco" também poderia resumir a visão de Bo Bardi sobre as ricas manifestações artísticas que emergiriam da condição de pobreza.

Ambos os trabalhos expositivos desses arquitetos foram caracterizados pela urgência de apresentar essa visão ao público e conscientizá-lo, fosse a partir da celebração positiva (Bo Bardi), fosse a partir da denúncia contumaz (Van Eyck). Tanto um quanto o outro lançavam mão de um misto de estratégias modernas e populares, ou, ainda, modelos vernaculares, para transmitir sua mensagem. Estratégias que igualmente desafiaram o que seriam as concepções tradicionais sobre como deveriam ser realizados os projetos expositivos, ao explorar elementos populares, teatrais e sensoriais.

Um ano após a sua exposição em Milão, Aldo van Eyck encontraria Lina Bo Bardi pessoalmente pela primeira — e única — vez, quando estava de passagem por São Paulo. Recordando esse encontro, em uma cena do documentário da rede de televisão VPRO de 1996, ele diz ter ficado em choque ao ver os cavaletes de vidro do MASP pela primeira vez. No entanto, ele não se refere a A Mão do Povo Brasileiro, que também estava em exibição no MASP, um andar abaixo da exposição dos cavaletes de vidro.

É tentador imaginar que a inspiração de Van Eyck para a disposição espacial das obras na exposição de Joost van Roojen e a forte crítica direcionada ao Modernismo em sua exposição em Milão foram resultado de sua viagem ao Brasil em 1969, quando conheceu o MASP de Bo Bardi, testemunhou seu radical projeto expositivo de disposição dos quadros no espaço, e a conheceu pessoalmente, tendo conversado sobre a experiência de Lina na Bahia. Tanto a exposição de Joost van Roojen quanto O Enigma da Vasta Multiplicidade foram realizadas pouco antes da visita de Aldo ao Brasil. Talvez esses dois importantes agentes culturais não tenham influenciado um ao outro diretamente, mas eram tão somente duas almas atuando em dois hemisférios diferentes, passando por momentos de transição similares em suas carreiras. É tentador concluir que os interesses em comum de ambos não foram determinados por elementos externos, mas, sim, estiveram desde sempre latentes dentro deles. Ou — citando Van Eyck — faziam parte daquilo que "todos carregam dentro de si".[35]

1
A entrevista da BBC pode ser vista em: https://youtu.be/5ZtibqfVpk0. As declarações de Van Eyck aparecem aos 4'27''.

2
No fim de 1970, Van Eyck passou a atacar publicamente diversas tendências da arquitetura, sobretudo o pós-modernismo. No discurso anual do RIBA [Royal Institute of British Architects/Instituto Real de Arquitetos Britânicos], em 1981, ele atribuiu aos arquitetos ligados ao pós-modernismo a alcunha de "R.P.P." (Ratos, Pós e Outras Pragas), referindo-se a eles como criminosos. Van Eyck também teve querelas com ex-membros do Team 10, como Alison Smithson e Mathias Ungers, e com críticos de arquitetura, como os holandeses Ole Bouman e Bernard Colenbrander.

3
Mulder, Suzanne. "The Enigma of Vast Multiplicity". Disponível em: https://triennale2019.hetnieuweinstituut.nl/en/background/enigma-vast-multiplicity.

4
Bo Bardi, Lina. "Museu de Arte Moderna da Bahia". *Diário de Notícias*, Salvador, 6 jan. 1960.

5
Zollinger, Carla. *Lina Bo Bardi and the Bahian Modern Art Museum*. Disponível em: https://linabobarditogether.com/2012/09/02/lina-bo-bardi-and-the-bahian-modern-art-museum-museum-school-museum-in-progress/#_ftn1.

6
Ferraz, Marcelo Carvalho. *Lina Bo Bardi. Solar do Unhão.* São Paulo: Sesc, p. 43.

7
Ferraz, Marcelo Carvalho. Op. cit., p. 47.

8
Eyck, Aldo van. *Aldo van Eyck: Writings*. Amsterdam: SUN, 2008, p. 80.

9
Martins, Heitor. In: Pedrosa, Adriano; Proença, Luiza (orgs.). *Concreto e cristal: O acervo do MASP nos cavaletes de Lina Bo Bardi*. Rio de Janeiro: Cobogó/MASP, 2015, p. 138.

10
Eyck, Aldo van. Op. cit., p. 80. Por exemplo: na exposição do grupo CoBrA, Van Eyck incluiu uma vitrola tocando sons de tambores africanos, servindo de trilha para a visita do público. Bo Bardi usou o som de forma parecida em sua exposição Bahia no Ibirapuera, em 1959. Ver Latorraca, Giancarlo. *Maneiras de expor: Arquitetura expositiva de Lina Bo Bardi*. São Paulo: Museu da Casa Brasileira, Secretaria da Cultura do Estado, 2015, p. 45.

11
A exposição de 1946 foi encomendada pela Rhodoïd, empresa de tecidos de celulose, para a exibição de seus produtos. O projeto incluía um quadro-negro com desenhos e anotações que seguiam a proposta da feira de conscientização sobre o uso dos materiais. Ver Latorraca, Giancarlo. Op. cit., p. 83.

12
Martins, Heitor. Op. cit., p. 74.

13
Ligtelijn, Vincent. *Aldo van Eyck – Werken*. Bussum: Uitgeverij Thoth, p. 174.

14
Latorraca, Giancarlo. Op. cit., p. 23.

15
Martins, Heitor. Op. cit., p. 75.

16
Latorraca, Giancarlo. Op. cit., p. 93.

17
Ibid., p. 27.

18
Ibid., p. 122.

19
Eyck, Aldo van. Op cit., p. 61.

20
Aldo van Eyck para uma emissora de TV holandesa, no documentário *Markant: Aldo van Eyck*, dirigido por Jan Keijser, 1978.

21
A "teoria da dependência" surgiu em dois artigos publicados em 1949, um escrito pelo economista Hans Singer e outro pelo economista Raúl Prebisch. Para um panorama do assunto, ver: Namkoong, Young. *Dependency Theory: Concepts, Classifications, and Criticisms*, 1999. Disponível em: https://doi.org/10.1177/223386599900200106.

22
Como diz a curadora Julieta González: "A Bahia havia influenciado Bo Bardi profundamente. Ela valorizava a riqueza da cultura popular, da tradição oral, da música, da arquitetura, da arte e do artesanato da região. Sempre partindo de seu olhar de arquiteta e designer, ela tinha um interesse especial nas soluções criativas para problemas de arquitetura." Ver Pedrosa, Adriano et al. *A Mão do Povo Brasileiro, 1969/2016*. 1ª edição. São Paulo: MASP, 2016, p. 44.

23
Ibid., p. 47.

24
Ibid.

25
A vanguarda cultural da Bahia era diferente da vanguarda cultural do eixo Rio de Janeiro-São Paulo, que, nos anos 1950, era em grande parte constituída por movimentos associados à tradição construtivista, com foco sobretudo na poesia e na arte concreta. Ver também: Risério, Antonio. *Avant-garde na Bahia*. São Paulo: Instituto Lina Bo e P.M. Bardi, 1995.

26
Lina Bo Bardi em palestra ministrada em 14 abr. 1989, publicada em: Bo Bardi, Lina. "Uma aula de arquitetura", *Projeto Design*, São Paulo, n. 149, p. 63, jan. 1992.

27
Realizada paralelamente à Bienal de São Paulo, na marquise do parque, próxima ao Pavilhão da Bienal, onde posteriormente ficaria o MAM.

28
Ferraz, Marcelo Carvalho. *Lina Bo Bardi*. Milão: Edizioni Charta, 1994, p. 12.

29
Latorraca, Giancarlo. Op. cit., p. 93.

30
Ibid., p. 82.

31
A descrição completa da exposição pode ser lida em "The Enigma of Vast Multiplicity", de Suzanne Mulder. Publicada em: https://triennale2019.hetnieuweinstituut.nl/en/background/enigma-vast-multiplicity.

32
Eyck, Aldo van. Op. cit., p. 452.

33
Pérez de Arce, Rodrigo. *City of Play: An Architectural and Urban History of Recreation and Leisure*. Londres: Bloomsbury, 2018, p. 189.

34
Ibid.

35
Aldo van Eyck para a TV holandesa, no documentário *Markant: Aldo van Eyck*, dirigido por Jan Keijser, 1978.

I-VIII

SOLAR DO UNHÃO / MUSEU DE ARTE MODERNA DA BAHIA – MAM-BA
Salvador, Bahia
Projeto de Lina Bo Bardi, 1960-63

IX-XI

CASA DE VIDRO
São Paulo
Projeto de Lina Bo Bardi, 1951-52

III

IV

V

IV

VII

VIII

IX

UTOPIA RIVISITATA

XII

I-IX, XII

Fotos: Aldo van Eyck

X, XI

Foto: Marcelo Ferraz

UMA FÁBULA DAS DUAS ESCALAS

FRANCESCO PERROTTA-BOSCH

Quando a neve cai nas cidades
A cidade sem a noção particular da criança é um paradoxo maligno. A criança descobre sua identidade contra todas as probabilidades, danificada e danificando em um perpétuo perigo e sob uma incidental luz do sol. Flanqueando pela periferia da atenção, a criança sobrevive a uma significativa parcela emocional e improdutiva. Quando a neve cai sobre as cidades, a criança, assumindo o controle por um tempo, é o Senhor da cidade. Ora, se a criança, assim assistida, redescobre a cidade, a cidade ainda pode redescobrir suas crianças. Se a infância é uma jornada, veremos que a criança não viaja à noite. Onde houver algum espaço, algo mais permanente que a neve ainda pode ser fornecido como uma correção modesta.

Algo, diferente da neve, a cidade pode absorver; e não muito diferente das muitas coisas incidentais já existentes, a criança adapta-se de qualquer maneira às suas próprias necessidades por sua própria conta e risco.[1] – Aldo van Eyck, 1956

Esta exposição é apenas um barulhinho de uma engrenagem que inicia um movimento, um pequeno convite à ciência e à fantasia. É um convite também à terrível lógica das crianças, que tanto se aproxima do rigor científico.[2] – Lina Bo Bardi, 1984

Um templo, um monumento, o Partenon ou uma Igreja Barroca existe em si por seu peso, sua estabilidade, suas proporções, volumes, espaços, mas até que o homem não entre no edifício, não suba os degraus, não possua o espaço numa "aventura humana" que se desenvolve no tempo, a arquitetura não existe, é frio esquema não humanizado. O homem o cria com o seu movimento, com os seus sentimentos. Uma arquitetura é criada, "inventada de novo" por cada homem que nela anda, percorre o espaço, sobe uma escada, se debruça sobre uma balaustrada, levanta a cabeça para olhar; abrir, fechar uma porta, sentar e se levantar é um tomar contato íntimo e ao mesmo tempo criar "formas" no espaço, expressar sentimento.[3]
– Lina Bo Bardi, 1958

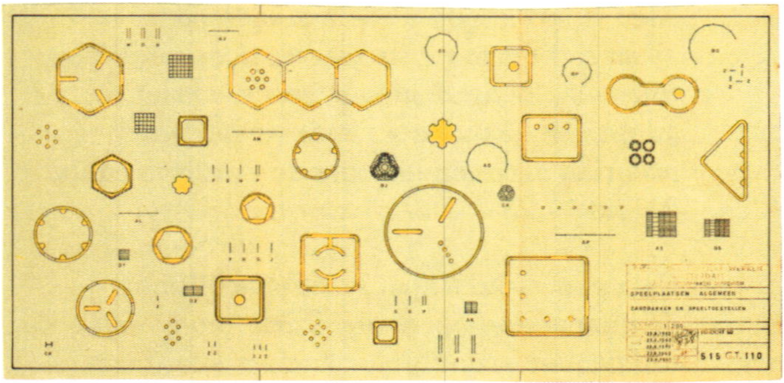

[fig. 1]

Desenho de modelos e formas para playgrounds, por Aldo van Eyck.

Felizes são as insurreições oriundas dos playgrounds de Amsterdam, dos imaginados brinquedos para o belvedere do Museu de Arte de São Paulo (MASP), do mobiliário e das exposições do Sesc Pompeia. Perante os cânones arquitetônicos do modernismo do século XX, Aldo van Eyck e Lina Bo Bardi foram dois subversivos, indisciplinados, insubmissos. Seus padrões em tudo se distanciavam do *Modulor*, o homem adulto de estatura média e proporções supostamente áureas. Em tantos projetos arquitetônicos, Aldo e Lina tiveram como parâmetros a altura do olhar mais próxima do chão, a audição mais rente aos passos, o tato ao alcance do solo: suas escalas humanas foram molecas e moleques, fedelhas e fedelhos, pirralhas e pirralhos prontos para divertidas revoluções a perturbar toda e qualquer ordem espacial.

Eram uma afronta ao paradigma funcionalista. Afinal, o holandês e a brasileira nascida em Roma, cada qual a seu modo, interessaram-se pela lúdica lógica de uso das "coisas" pelas crianças. Deixaram de lado a roupagem do arquiteto como o demiurgo que determina uma forma geral, grandiosa como um "templo, um monumento, o Partenon", em que todas as partes estão ordenadas, onde a circulação das pessoas é bem definida e os propósitos tanto do desfrutar quanto do servir dos usuários são previamente estabelecidos. Aldo e Lina caminharam no sentido contrário à concepção do arquiteto como aquele que aspira ao pleno controle das formas e da distribuição dos seres no mundo.

Era com expressões como "paradoxo maligno", "danificada e danificando", "perpétuo perigo", "emocional e improdutiva" que Aldo van Eyck apontava a apropriação das cidades pelas crianças como a grande ameaça à utopia arquitetônica sisuda, supostamente universalista e pragmática da primeira metade do século XX. Por sua vez, Lina Bo Bardi fez troça com os homens crentes nas ciências positivas, na objetividade e racionalidade irrestritas quando sentenciou que a "terrível lógica das crianças", para ela, "se aproxima do rigor científico". Não era sarcasmo. Era a percepção de que o ideal arquitetônico moderno de matriz iluminista estava sendo posto em xeque: tanto Lina quanto Aldo sobreviveram à Segunda Guerra Mundial, ambos se esconderam das bombas e saíram de suas cidades de origem ou residência nos anos em que armas, tanques, aviões de guerra, câmaras de gás, bombas atômicas eram o pináculo do avanço tecnológico, do conhecimento científico, do racionalismo dos adultos, aquilo que Edmund Husserl tinha antecipado no livro *Crise da humanidade europeia e a filosofia* (1936).

Um ano e meio após o fim do terrível conflito global, Aldo van Eyck saiu de Zurique — cidade na qual viveu por oito anos, inclusive se formando em arquitetura pela ETH — e retornou ao país natal. Em 1947, ele passou a trabalhar no setor de Desenvolvimento Urbano do Departamento de Obras Públicas da administração municipal de Amsterdam. Nesse cargo, participou do programa de construção de parquinhos infantis, mundialmente reconhecidos pelo termo "playgrounds". Até 1978, Van Eyck projetou (ou ao menos esteve envolvido na concepção de) 750 playgrounds na capital holandesa — seu traço foi mais efetivo nas primeiras seis dezenas de projetos, realizados até meados dos anos 1950.[4]

Fosse ocupando terrenos baldios entre prédios residenciais, fosse configurando pequenas praças nos espaços que surgiram em meio aos então recentes desenhos viários, os playgrounds seguiam uma lógica sistemática de

[figs. 2, 3]

Playgrounds projetados por Aldo van Eyck, ruas Buskenblasersstraat e Laagte Kadijk, Amsterdam.

[fig. 4]

Playground projetado por Aldo van Eyck,
rua Zaanhof 33-34, Amsterdam. Foto de 1952.

implantação de diferentes componentes em meio a uma pavimentação bastante simples — tudo rapidamente exequível e a baixo custo, de modo a multiplicar polos de encontro e interação das vizinhanças pela cidade.[fig. 1]

Os elementos dos playgrounds são, sobretudo, brinquedos. O maior deles é a caixa de areia, definida por uma mureta de cerca de 30 centímetros de altura cuja forma podia ser circular, triangular, quadrada, retangular, hexagonal, com arestas curvas e dimensões gerais variando de acordo com o próprio tamanho do terreno. Outros componentes recorrentes eram arquétipos de arquitetura: arcos, túneis, iglus de estrutura metálica para as crianças escalarem — por vezes, era suficiente uma linha alta dessa mesma tubulação de ferro para que os petizes pudessem se pendurar.[figs. 2, 3] Pequenos pódios cilíndricos emergiam do chão para que meninas e meninos pudessem subir, pular, saltar entre eles.[fig. 4]

Todas essas são geometrias elementares e coadjuvantes, porque a forma arquitetônica *de facto* advém da movimentação das crianças. A forma arquitetônica é, portanto, efêmera, cambiante e reinventada a cada brincadeira. A forma arquitetônica surge tão somente quando um ser humano adentra o playground.

O deslocamento das pessoas — isto é, aquilo que dá caráter à forma arquitetônica — ocorre no espaço *entre* esses elementos construídos. É nessa zona intermediária que transcorre uma coreografia sem roteiro controlando passos e gestos.

Isso põe em xeque a ideia de que o desenho dos playgrounds seja norteado pela composição e hierarquização dos componentes: não descarto que haja um aspecto compositivo no processo projetual, mas a relevância é relativa no resultado arquitetônico. Poderia eu vestir a sobrecasaca de crítico de arte modernista, greenberguiano, e defender que Aldo van Eyck seria tributário aos princípios neoplasticistas na busca por equilíbrio, vínculo ou articulação entre as partes construídas tal como Mondrian fazia em suas pinturas, mas estaria eu ignorando que um playground não é uma operação escultórica a ser contemplada vazia e a distância, não deve ser tratada com uma reverência que reprima a vivência livre, não contém pedestal a distingui-lo do mundo dos reles mortais, não tem uma aura de obra de arte no sentido benjaminiano. Um playground é lugar mundano que precisa de gente para ativá-lo, suscitando, eminentemente, formas arquitetônicas.

Quando minoramos as categorias analíticas submissas à ideia de pura visualidade, o que fica é lindamente pueril: um lugar que só existe quando uma criança começa a pular, correr durante o pique-pega, pendurar-se numa barra, tacar areia no amiguinho, inventar um personagem fictício — em suma, brincar. O playground torna-se arquitetura quando passa a ser, apropriando-me das palavras de Bo Bardi, uma "aventura humana que se desenvolve no tempo", quando alguém "levanta a cabeça para olhar", em que "sentar e se levantar é um tomar contato íntimo e ao mesmo tempo criar 'formas' no espaço".

Poderia me dar por satisfeito com esse argumento de uma conexão intelectual entre Bo Bardi e Van Eyck em suas acepções do que seja arquitetura. Todavia, mais interessante é notar que, nas insurreições de Lina e Aldo, há método.

Por isso, aqui olho para o desenho-colagem do belvedere do MASP feito por Lina Bo Bardi em 4 de maio de 1968. Não se representava somente o piso de

[fig. 5]

Estudo preliminar: esculturas praticáveis do Belvedere do Museu de Arte Trianon. Colagem, nanquim e aquarela sobre papel, 56,2 × 76,5 cm, 1968.

paralelepípedos envolvido pelo banco de concreto e o canteiro alto de plantas, mas era um ambiente repleto de pessoas e brinquedos um tanto fantásticos. Havia um carrossel colorido a girar bichos da fauna brasileira — tucanos, tamanduás, tatus —, tubos multicoloridos emergindo do chão e emaranhando-se, escorregadores vermelhos aparentemente macios que se amarravam em um nó do qual partia um mastro com cata-ventos e uma esfera ilusória que encantaria aqueles que se aproximassem.[fig. 5] Entre esses dispositivos lúdicos propulsionadores de ações recreativas, a criançada brincaria de ciranda, pularia corda, jogaria amarelinha, dançaria. Num depoimento em vídeo, Lina declarou:

> Procurei (e espero que aconteça) recriar um "ambiente" no Trianon. E gostaria que lá fosse o povo, ver exposições ao ar livre e discutir, escutar música, ver fitas. Gostaria que crianças fossem brincar no sol de manhã e da tarde. E até retretas e o mau gosto de cada dia que, enfrentado "friamente", pode ser também um conteúdo".[5]

Em outra ocasião, a arquiteta sintetizou: "O Belvedere foi pensado como praça pública em movimento."[6] Enquanto Aldo criara um catálogo de componentes abstratos, Lina pensou em brinquedos como alegorias provenientes do imaginário popular brasileiro. Por meios distintos, ambos chegam a um microuniverso fantasioso e desordenado. Tal como "quando a neve cai sobre as cidades", a forma arquitetônica deixou de ser algo estável. Visto que "a criança, assumindo o controle por um tempo, é o Senhor da cidade", a arquitetura dessa urbe

[fig. 6]
Semana do Japão, Sesc Pompeia, 1980.

deixa de ser compreendida exclusivamente pelo que há nela de construído ou edificado. As "coisas" são ativadas por pessoas que se movem, dando origem a uma espécie de rede de forças lúdicas com energia própria: portanto, a arquitetura é esse conjunto cotidiano, vibrante, instável, em perpétua agitação.

Seria justo duvidar da comparação entre um sistema de centenas de playgrounds com um desenho que nunca se efetivou inteiramente para o espaço público da cota zero do MASP. Porém, seria um erro dizer que Lina não realizou suas ideias. De fato, no belvedere na avenida Paulista, somente foram feitos alguns inexpressivos brinquedos em 1969. No entanto, anos depois, no Sesc Pompeia,[7] as ideias da arquiteta multiplicaram-se.

Da velha fábrica de tonéis metálicos e geladeiras a querosene, manteve-se a construção original, evidenciando os pilares e as vigas de concreto armado do antigo sistema estrutural Hennebique, tirando os rebocos e a tinta branca das paredes (os tijolos passaram a ser aparentes), substituindo o piso de cimento por pedra goiás, recuperando a estrutura de madeira da cobertura e as telhas, e, sobretudo, esvaziando o interior dos galpões. Contudo, a rebelião de Lina Bo Bardi não teria êxito se ela compreendesse arquitetura exclusivamente como projeto de edificações. Para que felizes eventos ocorram, não basta deixar o espaço vazio à espera de acontecimentos.

Ao passar pelos portões de cabreúva maciça envernizada, somos atraídos por sofás de assentos macios estofados com tecido de cor verde-musgo — uma pessoa pode lá sentar, ou mesmo se esparramar, sem que seja incomodada por ninguém durante o dia todo.[fig. 6] A arquiteta desenhou os "caixotinhos": uma cadeira e uma

[fig. 7]

Espelho d'água criado por Lina no primeiro pavilhão do Sesc Pompeia, chamado por ela de Rio São Francisco.

[fig. 8]

Visitantes na exposição Mil Brinquedos para a Criança Brasileira, Sesc Pompeia, 1982.

mesinha sobre rodas que se encaixavam (com a pessoa dentro) formando um cubinho de madeira. Não se pode omitir o espelho d'água com pedrinhas no fundo e uma forma pitoresca no qual, nos primeiros anos de funcionamento do Sesc, houve vários fins de semana de pescaria com peixinhos de plástico.[fig. 7] Há também as mesas redondas e cadeiras pesadas da biblioteca. A multiplicidade do mobiliário, cuidadosamente desenhado por Bo Bardi, parece convergir para a lareira: um monólito de pedra sobre o qual se acende o fogo, que se torna uma espécie de núcleo simbólico daquele microuniverso de inúmeras coisas e pessoas diversas. É devido a esses elementos que se realiza a subversão de uma edificação industrial em lugar de convivência: em contraposição à produtividade taylorista das linhas de montagem, a arquiteta nos oferece eloquentes convites ao ócio e à diversão. Para que há quatro décadas ali ocorra uma contínua e alegre insurreição arquitetônica, o método é preencher os grandes galpões com elementos pequenos, pontuais, porém inúmeros.

Analisar as exposições por ela organizadas para a área de convivência do Sesc Pompeia pode ser esclarecedor dessa metodologia. Em Mil Brinquedos para a Criança Brasileira (1982-83), encontravam-se ursinhos de pelúcia industrializados e bonecas de pano populares, bicicletas Monark e barquinhos do litoral nordestino, autoramas e carrinhos de madeira feitos por um aposentado da Freguesia do Ó, batmóveis em miniatura e porquinhos motorizados.[fig. 8] Expunham-se máscaras de papel machê e instrumentos musicais feitos de latas de óleo. Entre tantos bibelôs, deparava-se com uma dezena de "manés gostosos", aquele brinquedo com duas hastes de madeira que, quando pressionadas pela mão, fazem com que um boneco trapezista, preso por cordas, dê uma pirueta. O céu, isto é, a cobertura, estava repleta de pipas e balões coloridos. E, ao fundo, havia o carrossel proveniente de um parque de diversões decadente da zona norte de São Paulo. Era uma profusão de singelos brinquedos. Pais e filhos imergiam num ambiente lúdico composto por um sem-número de "coisas", "coisinhas" e "coisonas". Também dentro do galpão de convivência do então Sesc Fábrica da Pompeia, outros universos infantis se consubstanciaram na grande baleia em que as crianças podiam adentrar na exposição Pinocchio: História de um Boneco Italiano (1983), ou na vila construída em pau a pique antecedida pela floresta dos coloridos paus-mastros da mostra Caipiras, Capiaus: Pau a Pique (1984).

Entreato para Crianças (1985), a última das exibições de Lina para o local, instigava a curiosidade ao apresentar bichos imensos e pequenos, animais de circo e de desfiles de escolas de samba, coleções de borboletas e baratas provenientes de institutos universitários.[fig. 9] Uma impressionante diversidade de espécies reais e inventadas para provocar a comoção e o assombro próprios às primeiras descobertas da vida. Fez-se, por exemplo, uma cobra sucuri de 25 metros de comprimento com escamas em tela metálica colorida e uma língua esticada para fora da boca, uma espécie de tapete vermelho para as crianças entrarem no singular réptil. A fim de criar uma ambiência onírica, havia uma paisagem sonora composta pelas vozes e pelos ruídos de animais, desde o canto das baleias, passando pelo gorjeio dos pássaros e pelo cricrilar dos grilos, até as batidas do sapo-martelo. Como os anos 1980 eram tempos de redemocratização no Brasil, a arquiteta projetou um

[fig. 9]

Desenho de concepção da exposição Entreato para Crianças no Sesc Pompeia, 27 de dezembro de 1984.

[fig. 10]

Cartaz para a exposição Entreato para Crianças, Sesc Pompeia, 1985.

palanque de madeira, no qual as crianças ficariam mais altas que as demais pessoas na exposição e se sentiriam compelidas a discursar. Uma pista para compreender Entreato para Crianças estava no cartaz da mostra: em um fundo branco havia uma saúva preta, uma grande barata e uma foto antiga de uma menina de uns 3 anos com vestido branco e touquinha de renda — a criança em questão era a própria Lina.[fig. 10] Ela projetou a exposição tendo como parâmetro ela mesma quando criança. Era o seu mundo infantil. Era "um pequeno convite à ciência e à fantasia" — aqui como dois polos sem qualquer traço de incompatibilidade, e sim plenamente complementares no mundo, demonstrando como a "terrível lógica das crianças" desafia os adultos.

Os estímulos e as felizes insurgências de Lina Bo Bardi e Aldo van Eyck somente se efetivaram devido a um método arquitetônico comum: todos os projetos citados anteriormente operam em duas escalas bastante distintas.

O gesto arquitetônico na maior escala é sutil, eventualmente até mesmo imperceptível. Os ambientes criados não têm formas expressivas nem subdivisões (paredes, recintos, obstáculos etc.) para organizações funcionais. Pode ser só um piso de paralelepípedos, como o belvedere do MASP, ou mesmo terra batida e lajotas simples, como em alguns playgrounds de Amsterdam. Eventualmente foi um espaço interno, como os galpões do Sesc Pompeia, que parecem estar tal como foram encontrados antes da obra. Não é possível afirmar precisamente qual é o programa arquitetônico de lugares como esses, pois estão desembaraçadamente abertos ao acaso e à indeterminação inerente à vida. Mais que isso: tais lugares são palcos receptivos da vida urbana que os circunda, sendo assim uma arquitetura que se nutre da agitação e do caos, das virtudes e dos problemas da cidade. São vazios impregnados de possibilidades tal como o *grund* dos *Meninos da rua Paulo*, um belo paralelo na literatura de autoria de Ferenc Molnár. A grande escala dessa noção de arquitetura tem como propósito bastante amplo e genérico abrigar acontecimentos mundanos do cotidiano. Tal como crianças brincando.

Porém, para haver crianças brincando, é necessário o gesto arquitetônico de pequena escala. Como, por exemplo, os brinquedos dos playgrounds, do MASP, do Sesc Pompeia. São dispositivos lúdicos ativados a partir da presença e do contato com as pessoas, fomentando uma espécie de grande jogo. Não precisam ser componentes necessariamente voltados para a diversão: mobiliário como o do Sesc Pompeia cumpre um papel semelhante, seja pelo convite ao ócio dos sofás de tecido verde, seja pelo caráter simbólico da lareira e seu fogo. Por meio das positivas fricções entre esses vários elementos, o arquiteto e a arquiteta constroem o imaginário coletivo.

Nessa curiosa soma da indeterminação contida na grande escala do projeto com o afeto despertado pela miríade de dispositivos da pequena escala, Lina e Aldo deixaram a indumentária de autores únicos. A arquiteta e o arquiteto iniciaram ambientes em que o movimento é perpétuo e a forma nunca se conclui. Afinal, suas concepções de arquitetura fundamentam-se na alteridade: uma ideia de construção conjunta de fábulas.

1
Tradução do original: *"When snow falls on cities. The city without the child's particular notion is a malignant paradox. The child discovers its identity against all odds, damaged and damaging in perpetual danger and incidental sunshine. Edged towards the periphery of attention, the child survives, an emotional and unproductive quantum. When snow falls on cities, the child, taking over for a while, is all at once Lord of the city. Now if the child, thus assisted, rediscovers the city, the city may still rediscover its children. If childhood is a journey, let us see that the child does not travel by night. Where there is some room, something more permanent than snow can still be provided as a modest correction. Something, unlike snow, the city can absorb; and not altogether unlike the many incidental things already there the child adapts anyhow to its own needs at its own hazard."*
Van Eyck, Aldo. Apud Strauven, Francis. *Aldo van Eyck: The shape of relativity*. Amsterdam: Architectura & Natura, 1998, p. 169.

2
Bo Bardi, Lina. "Entreato para Crianças". In: Ferraz, Marcelo (org.). *Lina Bo Bardi*. São Paulo: Instituto Lina Bo e P.M. Bardi, 1993, p. 246.

3
Bo Bardi, Lina. "Arquitetura como movimento. Nota sobre síntese das artes (Manuscrito da Conferência sobre Dança e Arquitetura)". Salvador, 1958.

4
Strauven, Francis. Op. cit., p. 152.

5
Bo Bardi, Lina. "O novo Trianon 1957-67". In: *Mirante das Artes*. São Paulo, n. 5, p. 20, set./out. 1967.

6
Carta de Lina Bo Bardi a Ewaldo Dantas Ferreira, sem data, pertencente ao Instituto Bardi. In: Pisani, Daniele. *O Trianon do MAM ao Masp: Arquitetura e política em São Paulo (1946-1968)*. São Paulo: Editora 34, 2019, p. 234.

7
Há uma associação direta possível de ser feita com relação ao uso dos blocos de concreto nas oficinas do Sesc Pompeia e no pavilhão do parque Sonsbeek, de Aldo van Eyck.

OS CONCEITOS TEÓRICOS DE LINA BO BARDI NO PROJETO "CASA SUL MARE DI SICILIA" EM RELAÇÃO À DISCIPLINA CONFIGURATIVA DE ALDO VAN EYCK

MARIANNA CHARITONIDOU

Este ensaio busca relacionar os conceitos por trás do projeto teórico de Lina Bo Bardi em "Casa sul mare di Sicilia" — desenvolvido por Bo Bardi e Carlo Pagani para o artigo homônimo publicado na revista *Domus* em 1940 —[1] com a noção de "disciplina configurativa", de Aldo van Eyck. Pretende-se, portanto, mostrar como a noção de disciplina configurativa esteve no cerne da abordagem educacional e arquitetônica de Van Eyck, e, desse modo, comparar o conceito de disciplina configurativa e a função do imaginário cultural coletivo no projeto "Casa sul mare di Sicilia". Mais especificamente, a ideia é enfatizar o modo com que os desenhos de "Casa sul mare di Sicilia" combinam teoria e imaginação, tendo também função crítica e de análise. Por fim, procura-se traçar um paralelo entre a função do imaginário coletivo e do imaginário poético nas obras de Aldo van Eyck e de Lina Bo Bardi em seus desenhos e textos de arquitetura.

Lina Bo Bardi, por meio de seus fascinantes desenhos, combina memória coletiva e a expressão poética das experiências individuais.[2] O projeto "Casa sul mare di Sicilia" nunca saiu do papel, tendo sido concebido para um local próximo à península de Capo Milazzo, no nordeste da Sicília. Depois de se formar na Faculdade de Arquitetura da Universidade Sapienza, em Roma, Bo Bardi mudou-se em 1940 para Milão com Pagani, à época seu namorado e parceiro de trabalho. Lá, os dois passaram a colaborar para a revista *Domus*, então dirigida por Gio Ponti. Os croquis do projeto não realizado da "Casa sul mare di Sicilia" foram incluídos na edição de número 152 da *Domus*, dedicada ao tema "casa à beira-mar". Nos croquis para o artigo, nota-se a influência dos desenhos surrealistas e a busca por combinar a representação de elementos da imaginação com o projeto de uma casa à beira-mar que incorpora componentes da arquitetura vernacular, além de arquétipos da mitologia grega e princípios modernistas. Entre os textos mais influentes de Bo Bardi, figura a tese "Contribuição propedêutica ao ensino da teoria da arquitetura",[3] considerado um dos primeiros escritos sobre teoria da arquitetura publicados por uma arquiteta mulher. A publicação está repleta de passagens instigantes, como a que se segue: "O arquiteto deve ter, com efeito, plena consciência da própria responsabilidade de 'realizador' de uma obra real, que *permanece*, que está à vista de todos; e que persistirá no complexo da herança espiritual que toda geração retransmite."[4]

Outra ferramenta que vem nos últimos anos contribuindo para a divulgação do trabalho de Bo Bardi como teórica da arquitetura no contexto internacional, publicado em 2013 pela Architectural Association de

[fig. 1]

Desenho de Lina Bo Bardi e Carlo Pagani, "Casa sul mare di Sicilia", revista *Domus* nº 152, 1940.

Londres, o livro *Stones Against Diamonds* [Pedras contra diamantes] traz diversos ensaios da arquiteta ítalo-brasileira, entre eles "Teoria e filosofia da arquitetura", escrito em 1958, com base em três conferências sobre "O problema do espaço na crítica da arquitetura". Esse ensaio foi apresentado por ela na Escola de Belas-Artes da Universidade Federal da Bahia em 1958. [5] No artigo, Bo Bardi reflete sobre sua abordagem pedagógica e ressalta a importância da fertilização cruzada entre teoria e prática na arquitetura. Diz ela que "[P]ara nós, a teoria se relaciona com a prática, na medida em que a prática é demonstrada de forma racional e necessária por meio da teoria, enquanto a teoria é mostrada como realista e racional por meio de sua prática." [6]

Entre os ensaios mais importantes incluídos na antologia britânica, destaca-se o texto "Arquitetura e natureza: A casa na paisagem", publicado originalmente na *Domus* em 1943. [7] Nele, Bo Bardi expressa sua admiração pela tipologia da casa mediterrânea e explica: "Da correspondência perfeita dessa arquitetura com o ambiente em que a vida humana se desenvolve há exemplos no mundo todo, mas o maior deles é o da casa mediterrânea, pura, perfeitamente integrada ao solo e à paisagem, coerente com a vida que acontece dentro e ao redor dela". As características da casa mediterrânea citadas por Bo Bardi estão marcadamente presentes na "Casa sul mare di Sicilia", concebida em 1940, isto é, três anos antes da publicação do referido ensaio. Nos desenhos coloridos da casa, é fácil perceber a atenção dada por Bo Bardi e Pagani à sua integração com a paisagem e com o contexto cultural da Sicília. Percebe-se, ainda, a influência das pinturas de Giorgio de Chirico no trabalho da dupla. No ensaio, é destacada a importância da integração com a natureza e da atenção à escala humana:

> Montanhas, bosques, mares, rios, rochas, prados e campos são fatores decisivos para a forma de uma casa: o sol, o clima, os ventos determinam sua posição, a terra que a rodeia oferece os materiais para a sua construção; a casa nasce, assim, profundamente ligada à terra, e suas proporções são ditadas por uma constante: a medida do homem.[8]

Uma das características mais representativas do projeto para a casa na Sicília é o terraço. Sua atmosfera mediterrânea evoca as reflexões que Bo Bardi faria no ensaio de três anos depois — o respeito ao contexto natural e cultural; a atenção dada às características da arquitetura vernacular; o uso dos elementos simbólicos e arquetípicos de figuras mitológicas, tais como Ulisses e seu cão e uma herma de Zeus (Askra). A atenção dedicada à integração da casa com a paisagem fica evidente no texto que acompanha as imagens do artigo na *Domus*:[figs. 1-4]

> O solo siciliano é sagrado: a *Magna Graecia* está viva em todos os lugares; na atmosfera, na paisagem, na memória. Nós não queremos, para ela, uma arquitetura ausente desse clima místico, surpreendente, fascinante. A arquitetura deve ser a chave da paisagem, transformar-se na paisagem, tornar-se ela própria a paisagem.[9]

[fig. 2]

Desenhos para o projeto “Casa sul mare di Sicilia”, revista *Domus* nº 152, 1940.

Como destaca Mariabruna Fabrizi, "Bo Bardi transforma a paisagem no meio ideal para que visualizemos as imagens que habitam sua mente, imagens ligadas à origem da arquitetura, aos motivos clássicos, aos encontros vernaculares, à vegetação exuberante".[10]

Bo Bardi emigrou para o Brasil em 1946. No mesmo ano, antes de deixar a Itália, casou-se com o jornalista e marchand Pietro Maria Bardi. Com o marido, coeditou a *Habitat: Revista das Artes no Brasil*, nos anos 1950.[11] Anat Falbel, em seu texto "In the Path of the 'In-between': From Buber to Van Eyck and from Amsterdam to São Paulo" [No caminho do "Entre": De Buber a Van Eyck e de Amsterdam a São Paulo], conta que Bo Bardi tinha em sua posse a última edição da *Forum*, de julho de 1967, que incluía uma seleção dos principais artigos publicados na revista holandesa entre 1959 e 1963.[12] Em suas páginas, há anotações de Bo Bardi sobre uma tradução para o português da frase de Aldo van Eyck em que menciona "a enorme casa" e a "minúscula cidade". Tal frase, na qual Van Eyck afirma que "uma casa é uma minúscula cidade; uma cidade é uma enorme casa", se remete aos escritos de um diagrama feito por ele próprio, no qual se lê: "árvore é folha e folha é árvore", "casa é cidade e cidade é casa".[fig. 5]

Em seu projeto para o Orfanato Municipal de Amsterdam, Aldo van Eyck brinca com a relação entre formas básicas, elementares, como se pode ver em seus croquis. Já seu projeto para a Igreja Católica Romana de Haia, construída de 1964 a 1969, pode ser considerado um exercício das possíveis transformações de uma caixa.[fig. 6] Como aponta Francis Strauven, o projeto pode ser descrito como o cruzamento dinâmico entre uma nave de igreja e uma cripta.[13] No diagrama

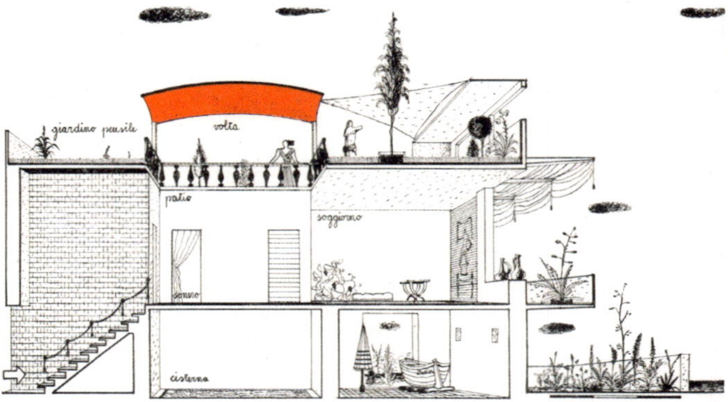

[fig. 3]

Projeto para a “Casa sul mare di Sicilia”, revista *Domus* nº 152, 1940.

[fig. 4]

Páginas do artigo "Casa sul mare di Sicilia", revista *Domus* nº 152, 1940.

que criou para o projeto de um edifício do Congresso de Jerusalém, fica evidente que Van Eyck estava interessado em produzir construções que pudessem transformar "elementos originalmente similares" em "diferentes, por meio da repetição".[14] [fig. 7]

No projeto do "Pavilhão Sonsbeek", desenvolvido nessa mesma época, por meio de paredes paralelas em curva, o arquiteto procurou criar um padrão de movimento ao longo da construção. Tratava-se de um espaço expositivo temporário projetado por Van Eyck, em 1965-66, para a 5ª Exposição Internacional de Escultura de Arnhem, que ocorreria em 1966 na Holanda. O "Pavilhão Sonsbeek" foi destruído após o evento, mas posteriormente reerguido, em 2006, no jardim do museu Kröller-Müller, em Hoenderloo, na mesma cidade. A impressionante variedade de croquis que fez para esse projeto revela seu interesse pelo conceito de disciplina configurativa.

O conceito de disciplina configurativa de Aldo van Eyck, que, como foi dito anteriormente, estava no cerne de sua abordagem educacional e arquitetônica, era incompatível com certos aspectos do pensamento pós-modernista. Apesar de demonstrar interesse pelo conceito de polifonia da realidade, Van Eyck acreditava que a coerência de um todo só poderia ser alcançada por meio da disciplina configurativa. Em "Steps Towards a Configurative Discipline" [Etapas para uma disciplina configurativa], artigo publicado em 1962 na revista *Forum*, ele expressa sua crença em um "sistema complexo único", defendendo que "todos os sistemas devem se adaptar uns aos outros, de modo que seu efeito combinado e sua interação sejam percebidos como um sistema complexo único — polifônico, multirrítmico, caleidoscópico, mas, ainda assim, sempre compreensível a todos".[15] Segundo o autor, a intensificação da urbanidade faz com que as diferentes funções urbanas se conectem, e as pessoas também. As considerações que tece sobre "o potencial urbano" e sobre "a transmutabilidade urbana" se relacionam com seu entendimento de que "a descentralização de elementos importantes para a cidade como um todo [...] leva a uma homogeneidade geral mais proveitosa".[16] Ainda que admitisse a ideia de sistemas polifônicos e multirrítmicos, ele costumava inscrever essa pluralidade no todo gestaltista. Seu entusiasmo pela coerência é a chave para entendermos sua rejeição à arquitetura pós-modernista. Van Eyck sempre procurou aprimorar a forma como a arquitetura é habitada e como ela pode enriquecer as relações humanas. Para ele, as artimanhas visuais e narrativas dos arquitetos pós-modernistas punham em risco os ideais humanistas da arquitetura. No Congresso Internacional de Arquitetura Moderna (Ciam) de 1956, Peter Smithson, referindo-se aos playgrounds de Van Eyck em Amsterdam, afirmava que "uma possível disciplina para a transformação da estrutura de uma comunidade é o irritante conceito de renovação".[17]

Van Eyck, ao comentar sobre o conceito de disciplina configurativa, afirma:

> O que buscamos é uma nova e ainda desconhecida disciplina configurativa. É difícil tratar do assunto, visto que ninguém no século XX se apropriou dela. A disciplina não é nossa ainda — a arte de humanizar um vasto número não passou ainda pelas primeiras etapas preliminares.[18]

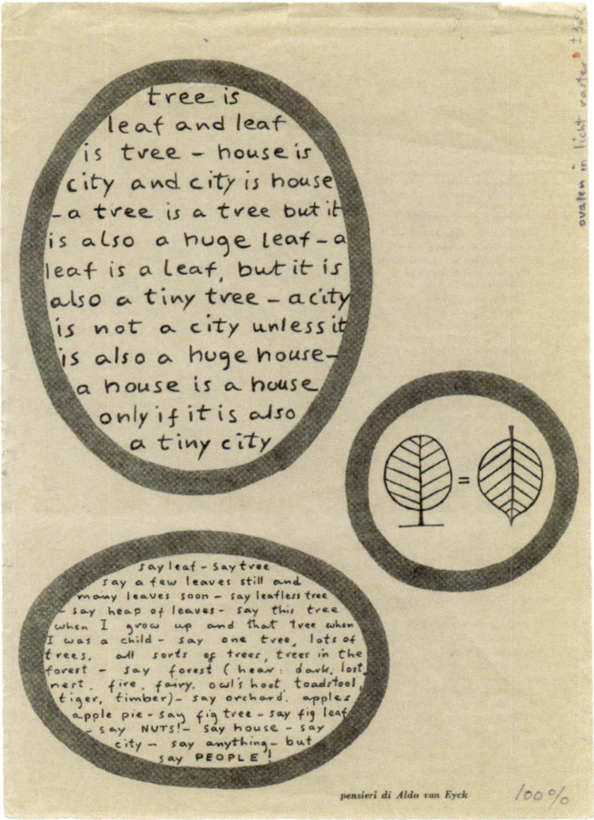

[fig. 5]

Diagrama de Aldo van Eyck, apresentado em 1962, onde se lê: “árvore é folha e folha é arvore — casa é cidade e cidade é casa — uma árvore é uma árvore mas é também uma folha enorme — uma folha é uma folha, mas é também uma minúscula árvore — a cidade não é uma cidade a menos que seja também uma enorme casa — uma casa é uma casa apenas se também for uma minúscula cidade.”

[fig. 6]

Desenho de Aldo van Eyck para a Igreja Católica Romana, Haia, 1964-69.

Van Eyck compara a noção de disciplina configurativa com o que chama de "leis ocultas da estética numérica".[19] Com efeito, em "Etapas para uma disciplina configurativa", ele ressalta: "A necessidade de desvelar as ainda ocultas leis da estética numérica — aquilo que chamo de harmonia em movimento — foi abordada no nosso primeiro número da revista *Forum*."[20]

Aldo van Eyck apresentou seus "Círculos de Otterlo" pela primeira vez no XI Ciam, que aconteceu em Otterlo, em 1959.[fig. 8] Nos "Círculos de Otterlo", ele procura demonstrar como um equilíbrio entre o clássico, o moderno e o arcaico seria possível. No círculo à esquerda do diagrama, ele incluiu três paradigmas emblemáticos dos princípios da arquitetura clássica, da moderna e da arcaica: o Partenon, para a clássica; uma contracomposição do De Stijl, de Theo van Doesburg, para a moderna; e um vilarejo do Pueblo del Arroyo, para a arcaica. Segundo Van Eyck, o paradigma clássico representava as noções de "imutabilidade e descanso", o moderno simbolizava os conceitos de "mudança e movimento", enquanto o arcaico relacionava-se com "o vernáculo do coração". Ele acreditava, sobretudo, que era preciso conciliar essas três tradições. Para ele, a arquitetura só seria compatível com a realidade contemporânea se essas tradições fossem igualmente preservadas.[21]

Como fica claro em "Etapas a caminho de uma disciplina configurativa", Van Eyck defendia "uma muito maior compreensibilidade em todas as etapas da multiplicação, mas também um alargamento radical de escala, no sentido de uma muito maior compacidade configurativa".[22] Ele também insistia na ideia de que "o estágio configurativo da multiplicação [...] pode adquirir significado real quando coincide, ao menos em alguma medida, com a configuração ilusória do individual e do coletivo".[23]

Sintomático da concepção de habitat como expressão da articulação indivíduo-comunidade por um lado, e da rejeição a qualquer entendimento do conjunto indivíduo-comunidade como algo completo por outro, é a tese de Van Eyck quando ele afirma que "o habitat [...] torna-se a contraforma do conjunto completo indivíduo-comunidade, na medida em que indivíduo e comunidade são mais do que apenas parte e todo".[24] Nesse mesmo texto, Van Eyck também se refere "à natureza urbana de uma casa e à natureza doméstica de uma cidade".[25]

Aldo van Eyck apresenta como ele compreende o surgimento do Team 10[26] a partir do Ciam por meio de um diagrama publicado em setembro de 1959 na sétima edição da *Forum*, dedicada à história do Ciam. Crucial para entender o desagrado de Van Eyck com a arquitetura pós-moderna foi o debate que ocorreu em 1º de agosto de 1976 junto à exposição Europa-America: Architetture Urbane, Alternative Suburbane [Europa-América: Arquitetura Urbana, Alternativas Suburbanas].[27] O debate foi realizado no Palazzo del Cinema, no Lido de Veneza, no contexto da Bienal de Arquitetura de Veneza. Com o tema "Que movimento moderno?",[28] o encontro refletia o sintomático e "crescente descontentamento com o Modernismo", que vinha desde a década de 1950. Entre os participantes das exposições da Bienal e os presentes no debate estavam Giancarlo De Carlo, Alison e Peter Smithson, Aldo van Eyck e Manfredo Tafuri. O evento nos interessa aqui por servir como exemplo do conflito entre as duas gerações. É ainda um caso que evidencia as tensões existentes

[fig. 7]

Diagramas de Aldo van Eyck para o edifício
do Congresso de Jerusalém, 1958.

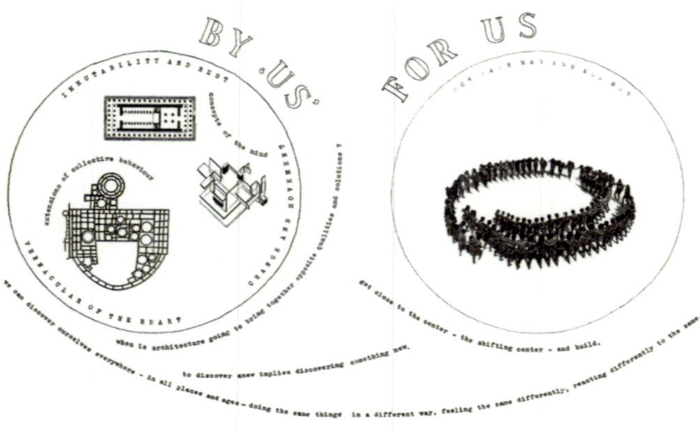

[fig. 8]

"Círculos de Otterlo" de Aldo van Eyck, 1959-62, versão posterior à de 1959. À esquerda, o Partenon, o Pueblo del Arroyo, no Novo México (século XI), uma contracomposição de Van Doesburg; à direita, indígenas Kayapó, em formação de dança, na bacia do Orinoco, na Venezuela.

entre a abordagem europeia e a abordagem americana. Depois de declarar-se a favor do "funcionalismo puro", Van Eyck conclui sua participação no debate com a seguinte declaração: "O Humanismo mal começou. E o arquiteto ou é um humanista, ou mal é um arquiteto."[29]

Nota da autora: Minha pesquisa em arquitetura tem o apoio da Hellenic Foundation for Research and Innovation (H.F.R.I.), no âmbito do projeto "3rd Call for H.F.R.I. Research Projects to support Post-Doctoral Researchers" (número de projeto: 7833).

1
Bo Bardi, Lina; Pagani, Carlo. "Casa sul mare di Sicilia". In: *Domus*, nº 152, 1940, pp. 30-5.

2
Lima, Zeuler Rocha Mello de Almeida. *Lina Bo Bardi*. New Haven: Yale University Press, 2013. Idem. *Lina Bo Bardi: Drawings*. Princeton/Oxford: Princeton University Press, 2019.

3
Bardi, Lina Bo. "Contribuição propedêutica ao ensino da teoria da arquitetura". In: *Habitat*, São Paulo, 1957. Para a versão em inglês do livro, ver: Veikos, Cathrine. *Lina Bo Bardi: The Theory of Architectural Practice*. Londres/Nova York: Routledge, 2013.

4
Ibid.

5
O ensaio "Teoria e filosofia da arquitetura" foi publicado originalmente em Oliveira, Olivia (org.). *Lina Bo Bardi*: *Obra construída*. Barcelona: Gustavo Gili, 2002.

6
Bardi, Lina Bo. "Theory and Philosophy of Architecture" (1958). In: *Stones Against Diamonds* (Architecture Words 12 series). Londres: Architectural Association, 2013, p. 49.

7
Bardi, Lina Bo. "Architettura e natura: la casa nel paesaggio". In: *Domus*, n. 191, pp. 464-71, 1943.

8
Bardi, Lina Bo. "Architecture and Nature: The House in the Landscape" (1943). In: *Stones Against Diamonds* (Architecture Words 12 series). Londres: Architectural Association, 2013, p. 21.

9
Bardi, Lina Bo; Pagani, Carlo. "Casa sul mare di Sicilia". In: *Domus*, n. 152, pp. 30-5, 1940.

10
Fabrizi, Mariabruna. "Through the Land of the Mind: Lina Bo Bardi's Drawing for a House in Sicily". In: *OASE*, n. 105, p. 29, 2020.

11
Lepik, Andres; Bader, Vera Simone (orgs.). *Lina Bo Bardi 100: Brazil's Alternative Path to Modernism*. Berlim: Hatje Cantz Verlag, 2014; Olivia Oliveira (org.). *Lina Bo Bardi: Obra construída*. Barcelona: Gustavo Gili, 2002.

12
Falbel, Anat. "In the Path of the 'In-between': From Buber to Van Eyck and from Amsterdam to São Paulo". In: Tostões, Ana; Koselj, Nataša (orgs.). *Metamorphosis: The Continuity of Change. 15th International Docomomo Conference.* Anais da conferência. Liubliana: Docomomo International/Docomomo Slovenia, 2018, pp. 609-16.

13
Strauven, Francis. "Aldo van Eyck: Shaping the New Reality from the In-between to the Aesthetics of Number". Study Centre Mellon lectures, 24 de maio de 2007, Canadian Centre for Architecture, Montreal. Disponível em: https://www.taak.me/wp-content/uploads/15/in-betweenness_Aldo-van-Eyck.pdf.

14
Ibid.

15
Van Eyck, Aldo. "Steps Towards a Configurative Discipline". *Forum*, n. 16 (3), pp. 81-94, 1962. In: Van Eyck, Aldo. *Aldo Van Eyck: Writings*. Ligtelijn, Vincent; Strauven, Francis (orgs.). Amsterdam: SUN, 2006.

16
Ibid.

17
Smithson, Peter apud Kozlovsky, Roy. *The Architectures of Childhood Children, Modern Architecture and Reconstruction in Postwar England*. Londres/Nova York: Routledge, 2013.

18
Van Eyck, Aldo. "Steps Towards a Configurative Discipline". Op. cit.

19
Charitonidou, Marianna. *Architectural Drawings as Investigating Devices: Architecture's Changing Scope in the 20th Century*. Londres/Nova York: Routledge, 2023, p. 154. DOI: https://doi.org/10.4324/9781003372080

20
Van Eyck, Aldo. "Steps Towards a Configurative Discipline". Op. cit.

21
Charitonidou, Marianna. *Drawing and Experiencing Architecture: The Evolving Significance of City's Inhabitants in the 20th Century*. Bielefeld: Transcrição, 2022. DOI: https://doi.org/10.1515/9783839464885

22
Ibid.

23
Charitonidou, Marianna, "Aldo van Eyck's Critiques Against Postmodernism as a Humanist Device: Between the Notion of 'Configurative Discipline' and 'the Irritant Principle of Renewal'". Artigo apresentado em 2018, na conferência anual do Jaap Bakema Study Centre, The Irritant Principle of Renewal: 100 Years of Aldo & Hannie van Eyck, em 28 de novembro, na TU Delft, Delft, Países Baixos. DOI: https://doi.org/10.5281/zenodo.7331740.

24
Van Eyck, Aldo. "Steps Towards a Configurative Discipline". Op. cit.

25
Ibid.

26
O Team 10 foi um grupo de arquitetos do qual Aldo van Eyck fazia parte, crítico ao funcionalismo do movimento moderno (especialmente aos princípios defendidos pelos Ciams). Defendia uma arquitetura mais humanista, centrada nas relações sociais e no contexto cultural.

27
Raggi, Franco (org.). *Europa-America: Architetture Urbane, Alternative Suburbane*. Veneza: Edizioni la Biennale di Venezia, 1978.

28
Transcrição de uma conferência ocorrida em 1º de agosto de 1976, na Bienal de Veneza, Itália, sobre as tradições arquitetônicas europeias e americanas. Sua publicação foi vetada pelo conselho editorial da revista de arquitetura *Oppositions*. Entre os participantes, estavam Peter Eisenman, James Stirling, Carlo Aymonino, Aldo Rossi, Denise Scott Brown, Manfredo Tafuri, Giancarlo De Carlo, Raimund Abraham, John Hejduk, Oswald Mathias Ungers, Peter Smithson; em italiano e inglês. Número de referência: ARCH153618. Parte de: AP057.S3.SS1.D1.SD2, Proposta de Material para Publicação, 1970-1981. Documento número: C1-16. Fundo do Institute for Architecture and Urban Studies, Collection Canadian Centre for Architecture, Montreal.

29
Ibid.

I-XIV

SESC FÁBRICA DA POMPEIA
São Paulo
Projeto Lina Bo Bardi com Marcelo Ferraz
e André Vainer, 1977-82

III

VII

VIII

IX

EATRO

XII

A
XIII

A-16
A-14
-12

I, III, VI-VIII
Fotos: Paul Meurs

II, IV, IX-XIII
Fotos: Aldo van Eyck

V, XIV
Fotos: Marcelo Ferraz

LINA BO BARDI | ALDO VAN EYCK

1914 (Lina Bo Bardi)
Lina Bo Bardi nasce em Roma, na Itália, em 5 de dezembro, como Bo Achillina.

1918 (Aldo van Eyck)
Aldo van Eyck nasce em Driebergen, nos Países Baixos, em 16 de março.

1919 (Aldo van Eyck)
Muda-se com seus pais para Londres, na Inglaterra.

1933 (Lina Bo Bardi)
Forma-se no Liceo Artistico, em Roma.

1935 (Aldo van Eyck)
Retorna aos Países Baixos para estudar arquitetura em Haia.

1938 (Aldo van Eyck)
Muda-se para a Suíça para concluir seus estudos em arquitetura no Instituto Federal de Tecnologia de Zurique, onde conhece Hannie van Rooijen. É durante os estudos no ETH que o arquiteto vê pela primeira vez, em artigo da revista *Minotaur*, as construções vernaculares de sociedades como a Dogon, localizadas onde hoje é a República do Mali, na África Ocidental.

1939 (Lina Bo Bardi)
Forma-se arquiteta na Regia Scuola Superiore di Architettura, em Roma.

1940 (Lina Bo Bardi)
Muda-se para Milão e começa a colaborar com Gio Ponti.

Colabora com o arquiteto Carlo Pagani em projetos de design e artigos para revistas italianas.

1943 (Lina Bo Bardi)
O escritório de Lina e Pagani, na Via Gesù 12, em Milão, é destruído por um bombardeio.

1943 (Aldo van Eyck)
Gradua-se na ETH Zurique.

Casa-se com Hannie van Rooijen.

LBB | AvE

1943

Assume temporariamente a direção da revista *Domus*, junto com Pagani.

1945

É cocriadora, com um grupo de arquitetos, das revistas *Quaderni di Domus* e *A: Attualità, Architettura, Abitazione, Arte*, que tratavam de arquitetura, design e sua relação com a vida cotidiana.

Viaja pela Itália acompanhada de Carlo Pagani e do fotógrafo Federico Patellani para registrar as condições dos vilarejos e seus habitantes, pesquisando a vida cotidiana da Itália destruída do pós-guerra.

1946

LBB: Casa-se com Pietro Maria Bardi e viaja para o Brasil, mudando-se para o Rio de Janeiro.

AvE: Passa a viver em Amsterdam, onde é contratado como arquiteto pela Prefeitura de Amsterdam.

LBB: No Rio de Janeiro, faz com Pietro sua primeira exposição de arte europeia no Brasil.

1947

LBB: Acompanha Pietro, mudando-se para São Paulo, depois que ele é convidado por Assis Chateaubriand a criar e dirigir o Museu de Arte de São Paulo (MASP).

AvE: Projeta o primeiro dos mais de 700 playgrounds urbanos que irá desenhar para a Prefeitura de Amsterdam até 1978, alguns deles com a assistência de Hannie van Eyck-van Rooijen.

LBB: Cria as instalações provisórias do MASP na Rua Sete de Abril, no edifício do jornal Diários Associados.

AvE: Torna-se membro dos Ciams, Congressos Internacionais de Arquitetura Moderna, fazendo parte do grupo holandês De 8 en Opbouw.

1948

Inicia o Studio de Arte e Arquitetura Palma, com Giancarlo Palanti, dedicado ao design de móveis para a fábrica Pau Brasil Ltda.

LBB

AvE

1949
Desenha seu primeiro projeto expositivo, para o Stedelijk Museum, em Amsterdam, da mostra CoBrA: International Exhibition of Experimental Art [CoBrA: Exposição Internacional de Arte Experimental].

1950
Edita a revista *Habitat*, dedicada a vários temas culturais e artísticos.

1951
Projeta e constrói a própria casa, a Casa de Vidro, seu primeiro projeto arquitetônico, localizada no Morumbi, em São Paulo.

Desenha a cadeira hemisférica *Bowl*.

1951
Faz sua primeira viagem à África, em busca de formas elementares, que orientariam noções construtivas intrínsecas ao ser humano, perdidas nas sociedades europeias com a revolução industrial. Nos anos subsequentes, faria diversas viagens ao norte da África e à África Ocidental, registrando formas de arquitetura vernacular, e a procura dos vilarejos Dogon, até finalmente encontrá-los.

Começa a ensinar História da Arte e Design Arquitetônico em várias escolas nos Países Baixos. Seguirá lecionando até 1985.

1952
Cria a instalação de arte *Blue-Purple Room* com o artista Constant, para o Stedelijk Museum, em Amsterdam.

1953
Torna-se cidadã brasileira, decidindo viver permanentemente no Brasil.

1953
Desenha a *Mesa de seis lados*

Com um grupo de jovens arquitetos europeus que confrontam as ideias dos Ciams cria o Team 10, do qual se torna figura central.

1955
Torna-se professora convidada na Faculdade de Arquitetura e Urbanismo da Universidade de São Paulo (FAUUSP).

LBB

AvE

1957

Candidata-se à posição de professora titular de arquitetura na USP, mas não é aceita.

1958

Projeta duas residências, a "Casa Valéria Cirell", em São Paulo e a "Casa do Chame-Chame", em Salvador.

Ensina Teoria e Filosofia da Arquitetura na Universidade da Bahia, em Salvador.

Na Bahia, se interessa pela cultura popular, as artes e o artesanato do Nordeste brasileiro.

Escreve e ilustra uma coluna semanal no *Diário de Notícias de Salvador*.

Torna-se uma figura central na cena cultural baiana, convivendo com artistas e intelectuais como Glauber Rocha, Martim Gonçalves e Pierre Verger.

Durante os anos em Salvador, faz diversas viagens pelos estados da Bahia, Pernambuco e Ceará, fascinada pela arquitetura vernacular e pela inventividade brasileira do design popular no uso de materiais para a construção de objetos do cotidiano.

1959

Cria com Martim Gonçalves a exposição Bahia no Ibirapuera, que apresentam na 5ª Bienal de Arte de São Paulo.

1959

Projeta três escolas em Nagele, nos Países Baixos, com o arquiteto Sandy van Ginkel.

Torna-se um dos editores da *Forum*, importante revista holandesa de arquitetura, junto a Dick Apon, Jaap Bakema, Gert Boon, Herman Hertzberger, Jurriaan Schrofer até 1963.

LBB	AvE
	1959 É lançada uma edição especial da *Forum*, o primeiro número do novo conselho editorial: "The Story of Another Idea" [A história de outra ideia], que resume suas principais ideias sobre arquitetura.
1960 A convite do governador da Bahia, torna-se diretora do Museu de Arte Moderna da Bahia, onde permanece até 1964.	**1960** É inaugurado o Orfanato de Amsterdam, com projeto de Van Eyck, edifício que ganha reconhecimento mundial.
Realiza suas primeiras exposições como diretora do Museu de Arte Moderna da Bahia, temporariamente no *foyer* do Teatro Castro Alves, em Salvador.	Atua como professor visitante na Universidade da Pensilvânia, Filadélfia, nos EUA.
Cria cenários e figurinos para peças de Martim Gonçalves.	
Começa a desenvolver o projeto arquitetônico do MASP.	
1962 Começam as obras de restauro do Solar do Unhão, antigo conjunto arquitetônico à beira-mar, em Salvador, para que venha a receber o novo Museu de Arte Popular e o Centro de Estudo e Trabalho Artesanal.	**1962** Escreve os artigos que formarão o livro *The Child, The City and the Artist* [A criança, a cidade e o artista], que só serão de fato publicados como um todo em 2006.
1963 Inaugura o Solar do Unhão com a exposição Nordeste, introduzindo um espaço expositivo para arte popular e artesanato, e criando um centro de capacitação e trabalhos manuais.	
1964 Renuncia à diretoria do Museu de Arte Moderna da Bahia após o governo militar ocupar o Teatro Castro Alves com uma exposição própria.	**1964** Renovação da casa de Loenen aan de Vecht, onde passa a viver com a esposa e os filhos, nos Países Baixos.
Retorna a São Paulo.	

LBB	AvE
1965 Projeta o Museu do Butantã, em São Paulo, o Pavilhão de Exposições do Parque Lage, no Rio de Janeiro, e o Conjunto Residencial Itamambuca, em Ubatuba.	1965 Projeta o pavilhão temporário Sonsbeek '66, para a 5e Internationale Beeldententoonstelling (1966) [5ª Exposição Internacional de Esculturas (1966)], em Arnhem, nos Países Baixos, demolido ao final da exposição.
1966 Retoma o projeto e a construção do MASP.	1966 Desenha o cenário da ópera experimental *Labyrinth* [Labirinto], do diretor Peter Schat.
1967 Desenha a *Cadeira de beira de estrada*.	1967 Desenha o projeto expositivo da mostra do artista Shinkichi Tajiri, no Stedelijk Museum, em Amsterdam.
1968 Inaugura o MASP na avenida Paulista, com seu icônico projeto expositivo dos cavaletes de vidro, criando uma configuração revolucionária, em que o visitante pode ver todas as obras a um só tempo, como se flutuassem no espaço, livres de paredes, rompendo as fronteiras e hierarquias tradicionais da história da arte.	1968 Faz o projeto expositivo e a curadoria de The Enigma of the Vast Multiplicity [O Enigma da Vasta Multiplicidade] para a Trienal de Milão, na Itália. A inauguração da exposição não chega a acontecer, devido a um protesto dos estudantes que impedem a realização da mostra, gerando imensa frustração no arquiteto.
	Projeta a Igreja Católica Romana Pastoor van Ars, em Haia, nos Países Baixos.

1969 | 1969

Único encontro de Lina Bo Bardi e Aldo van Eyck. Na volta do 10º Congresso Mundial de Arquitetura, na Argentina, a caminho de casa, na Holanda, Aldo é convidado pelo arquiteto e amigo Joaquim Guedes a passar alguns dias em São Paulo. Na ocasião, visita o MASP e participa de um dos tradicionais almoços para amigos na Casa de Vidro, a convite de Lina e Pietro.

LBB	AvE
Passa a colaborar com José Celso Martinez Corrêa, criando cenários e figurinos, para peças como *Na selva das cidades* e *Gracias Señor* e para o filme *Prata Palomares*.	
Faz o projeto e a curadoria da exposição A Mão do Povo Brasileiro para o MASP.	

LBB | AvE

LBB

1970
Tem seu nome mencionado em um inquérito militar devido a uma reunião com a presença de Carlos Marighella na Casa de Vidro. No ano seguinte, recebe mandado de prisão contra si e passa meses em exílio na Itália.

AvE

1970
O escritório de arquitetura Van Eyck & Bosch Architects vence a chamada pública para a renovação do bairro de Nieuwmarkt, no centro da cidade de Amsterdam.

AvE

1971
Faz o projeto arquitetônico da Galeria de Arte Schmela, de Alfred Schmela, assim como de sua residência, ambas em Düsseldorf, na Alemanha.

Projeta, com Theo Bosch, um grande número de habitações sociais para a cidade histórica de Zwolle, nos Países Baixos.

AvE

1973
Projeta a Casa Hubertus, uma moradia para mães solteiras, conhecida como Mother House [Casa das mães], em Amsterdam.

Desenvolve projetos de design de interiores em colaboração com Hannie van Eyck-van Rooijen.

LBB

1975
Faz a curadoria da exposição Repassos no MASP.

Viaja para Marrakech, no Marrocos, e para o Japão.

AvE

1976
Participa do projeto de design coletivo de habitações sociais para o PREVI-Proyecto Experimental de Vivienda [PREVI-Projeto experimental de habitação], no Peru, junto aos arquitetos James Stirling, George Candilis, Charles Correa e o Atelier 5.

LBB

1977
É convidada a transformar a Fábrica Pompeia, em São Paulo, onde primeiro funcionou uma indústria de tambores, depois de geladeiras e na época está em ruínas, no centro público de esportes e cultura Sesc Pompeia.

LBB | AvE

1977
Instala seu escritório no terreno da fábrica, onde funcionará por nove anos, até a inauguração final das instalações do Sesc Pompeia, em 1986.

1978
Projeta a Capela de Santa Maria dos Anjos, em Ibiúna, São Paulo.

1978
É lançado o documentário *Aldo van Eyck*, sobre o arquiteto, realizado para o programa de TV holandês *Markant*.

Desenha o projeto da nova Prefeitura da cidade de Zwolle, que não chega a ser construído.

1980
Inicia o projeto para o Teatro Oficina.

Começa a editar o livro *Tempos de grossura: O design no impasse*, em colaboração com Isa Grinspum Ferraz, composto por materiais, imagens e textos sobre suas experiências no Nordeste brasileiro, mas abandona o projeto após um ano de trabalho.

1981
Profere uma palestra no RIBA Annual Discourse [Discurso anual do Instituto Real de Arquitetos Britânicos], em Londres, atacando a arquitetura pós-modernista: R.P.P. (Rats, Posts and Other Pests [Ratos, Pós e Outras Pragas]).

1982
Inaugura o Sesc Fábrica da Pompeia, projetado e executado com a assistência de Marcelo Ferraz e André Weiner.

Torna-se diretora dos programas e atividades culturais do Sesc Pompeia, onde realiza a curadoria de uma série de importantes exposições.

Inaugura seu projeto para a Igreja do Espírito Santo do Cerrado, em Uberlândia, São Paulo.

LBB

AvE

1983
Muda o nome de seu escritório para Aldo e Hannie van Eyck Arquitetos.

Desenha a exposição AX BAX sobre seu trabalho e suas ideias, apresentada na National Gallery – Alexandre Soutzos Museum, em Atenas, na Grécia.

1984
Realiza a curadoria da exposição Caipiras, Capiaus: Pau a Pique, no Sesc Pompeia.

1985
Projeta a restauração do Teatro Politheama em Jundiaí, São Paulo, para o qual também desenha cenários e figurinos.

1986
Inaugura as últimas instalações do Sesc Pompeia, o Centro de Lazer Fábrica da Pompeia.

Recebe a Comenda Dois de Julho, da prefeitura de Salvador, por sua contribuição à cultura brasileira.

É convidada pelo prefeito de Salvador para restaurar o centro histórico da cidade. Nos próximos dois anos, junto a Marcelo Ferraz e Marcelo Suzuki, e com a colaboração de João Figueiras Lima, o Lelé, irá recuperar edifícios antigos e abandonados para transformá-los em centros culturais, como o conjunto da Ladeira da Misericórdia e a Casa do Benin.

Desenha sua icônica *Cadeira girafa*.

1988
Faz a curadoria da exposição África Negra, com Pierre Verger, no MASP.

LBB | AvE

1989 (AvE)
Faz o projeto expositivo e a curadoria da exposição Aldo van Eyck, a maior realizada sobre seu trabalho, no Berlage Exchange Building, em Amsterdam.

1990 (LBB)
O Instituto Quadrante, atual Instituto Bardi, é fundado na Casa de Vidro, para promover o estudo da cultura e da arquitetura brasileiras.

1990 (AvE)
Recebe a Medalha de Ouro Real no RIBA, em Londres.

É convidada a realizar o projeto para a nova prefeitura da cidade de São Paulo, que nunca chega a ser construído.

1991 (LBB)
Participa da competição para o Pavilhão da Exposição de Sevilha, com um projeto que teve a colaboração de Niéde Guidon, mas que não é selecionado.

Recebe o Prêmio Latino-Americano da IV Bienal de Arquitetura de Buenos Aires, na Argentina.

1992 (LBB)
Falece em 20 de março, em São Paulo.

1992 (AvE)
Projeta uma igreja para a comunidade molucana, originária do leste da Indonésia, região de colonização holadesa, em Deventer, nos Países Baixos.

1993 (LBB)
É inaugurado o Teatro Oficina, com um espaço variável para apresentações teatrais, composto por materiais reutilizados e que dissolve as distinções entre atores e público, palco e bastidores.

A exposição Lina Bo Bardi Arquiteto é inaugurada no MASP, sendo apresentada em seguida na La Triennale di Milano, no Palazzo dell'Arte, na Itália. Até 2006, irá percorrer França, Espanha, Portugal, Áustria, Suíça, Alemanha, Finlândia, Canadá, Uruguai, China, EUA e Equador, entre outros.

LBB | AvE

1994 | 1994

Aldo van Eyck visita a exposição Lina Bo Bardi Arquiteto, em Londres, e, encantado com o reencontro com os projetos e ideias da arquiteta, começa sua jornada para divulgar seu trabalho e levar a exposição aos Países Baixos.

O Instituto Bardi retoma o trabalho do livro *Tempos de grossura: O design no impasse*, editado por Isa Grinspum Ferraz, e lançado no mesmo ano.

Projeta o edifício comercial Tripolis, em Amsterdam.

1995 | 1995

A exposição Lina Bo Bardi Arquiteto é apresentada na Universidade de Delft, após imensa mobilização de Aldo van Eyck para sua realização. O arquiteto profere a conferência de abertura da exposição.

1996 | 1996

Aldo viaja ao Brasil com uma equipe de reportagem da TV Holandesa para visitar o trabalho de Lina e participar do documentário *Vá para a Bahia, disse-lhe Lina*, sobre a arquiteta. Visita o MASP, o Sesc Pompeia e a Casa de Vidro, em São Paulo, e segue para Salvador, onde vai ao Solar do Unhão, à Casa do Benin, à Ladeira da Misericórdia e a todo o centro histórico da cidade.

Os cavaletes de vidro do MASP são em parte substituídos por paredes de gesso tradicionais, brancas e compartimentadas.

1997 | 1997

Aldo van Eyck escreve o ensaio “Um dom superlativo”, sobre Lina Bo Bardi, para o livro *Museu de arte de São Paulo*, organizado por Marcelo Ferraz, lançado em 1997, pela portuguesa Editorial Blau e reeditado em 2015 pelas Edições Sesc.

Projeta o edifício do Tribunal Geral de Auditoria de Haia, nos Países Baixos.

Seu trabalho faz parte da exposição, junto a outros artistas, da Documenta X, em Kassel, na Alemanha.

1999 | 1999

Pietro Maria Bardi falece em São Paulo.

Falece em Amsterdam, em 14 de janeiro.

LBB | AvE

2000 (AvE)
Hannie van Eyck-van Rooijen é cocuradora da exposição The Ball I Threw [A Bola que Joguei], sobre o trabalho do casal Van Eyck, para a Bienal de Arquitetura de São Paulo, no Brasil.

2005 (AvE)
O memorável Pavilhão Sonsbeek é reconstruído no Museu Kröller-Müller, em Otterlo, nos Países Baixos, com projeto idêntico ao original e supervisão de Hannie van Eyck-van Rooijen.

2009 (LBB)
A curadora japonesa Kazuyo Sejima dá destaque ao trabalho de Lina Bo Bardi em sua principal exposição na Bienal de Arquitetura de Veneza.

2015 (LBB)
O jornal britânico *The Guardian* elege o Teatro Oficina de Lina Bo Bardi o melhor teatro do mundo.

No MASP é reinaugurado o projeto expositivo original dos cavaletes de vidro, iniciando um período de reflexão acerca dos acervos, arquivos e programas do museu, assim como do legado de Lina na instituição.

2018 (AvE)
Hannie falece em Loenen aan de Vecht, em 18 de março.

2020 (LBB)
O Sesc Pompeia é eleito uma das 25 obras arquitetônicas mais importantes do pós-guerra pelo jornal *The New York Times*.

2021 (LBB)
Bo Bardi recebe postumamente o Leão de Ouro na 17ª Bienal de Arquitetura de Veneza.

COMPANHEIROS DE VIAGEM

MARCELO FERRAZ é arquiteto formado pela FAUUSP e sócio fundador do escritório Brasil Arquitetura, onde tem realizado projetos com premiações no Brasil e no exterior. Foi colaborador de Lina Bo Bardi em todos os seus projetos de 1977 a 1992, dentre eles o Sesc Pompeia, em São Paulo, e o restauro do centro histórico de Salvador. Foi diretor do Instituto Bardi de 1992 a 2001.

PAUL MEURS é arquiteto, pesquisador e sócio da SteenhuisMeurs, nos Países Baixos. Formado na Universidade de Delft com um projeto sobre o bairro do Pelourinho, em Salvador, foi pesquisador visitante na FAUUSP. Ao longo dos anos, organizou diversos intercâmbios culturais entre os Países Baixos e o Brasil, com palestras, documentários e exposições. É especializado em consultoria para transformações urbanas de áreas preexistentes como ponto de partida para novos projetos.

MAX RISSELADA é professor emérito do departamento de arquitetura da Universidade Técnica de Delft. Iniciou sua carreira como assistente de Aldo van Eyck nos anos 1960. Em seguida, trabalhou com os designers Charles e Ray Eames, em Los Angeles. É autor de livros clássicos como *Raumplan versus plan libre* e *Funcionalismo*. Publicou diversos livros sobre os arquitetos Alison e Peter Smithson e um importante estudo sobre o grupo Team 10. Em 2014, recebeu o prêmio RIBA International Fellowship.

AUTORES

AGNESE CODEBÒ é professora associada de Cultura Latino-Americana na Universidade de Villanova, na Pensilvânia. É pesquisadora das representações culturais da pobreza urbana na América Latina e nas humanidades ambientais. Entre suas publicações, estão o livro *The Slum and the City: Culture and Dissidence in the Villas Miseria of Buenos Aires* (Pittsburgh UP, 2024) e o artigo "The Architect Weaving the City: Lina Bo Bardi's Praxis in the Sesc Pompeia".

ALEJANDRO CAMPOS URIBE é professor e pesquisador na Faculdade de Arquitetura e Ambiente Construído na Universidade de Delft, nos Países Baixos, especializado em arquitetura moderna e nas dinâmicas coloniais por trás de suas prerrogativas universalizantes. De 2021 a 2023, foi pesquisador do programa Marie Sklodowska-Curie com o projeto "Multiculturalismo na obra de Aldo e Hannie van Eyck".

FRANCESCO PERROTTA-BOSCH é doutor com dupla titulação pela FAUUSP e Università IUAV di Venezia, com a tese "O que labirintos podem revelar sobre a arquitetura". Foi vencedor do Prêmio da Revista *Serrote* de 2013 com o ensaio "A arquitetura dos intervalos". É conselheiro do Instituto Bardi e autor do livro *Lina, uma biografia* (Todavia, 2021).

GABRIELA BURKHALTER é cientista política e urbanista, baseada em Basel, na Suíça. Desde 2008, documenta a história dos playgrounds no site www.architekturfuerkinder.ch. Foi curadora da exposição The Playground Project, apresentada no Carnegie Museum of Art, Pittsburgh, no Kunsthalle Zurich, em Zurique, Suíça, além de em outras instituições. É, também, editora do catálogo da exposição.

HANS IBELINGS é historiador da arquitetura. Baseado em Montreal, leciona na Universidade de Toronto e é editor/publisher das editoras Maas Lawrence (junto com Nanne de Ru) e *Architecture*

Observer. É autor de diversos livros, entre eles *Modern Architecture: A Planetary Warming History* (The Architecture Observer, 2023).

ISABEL BAIRÃO SANCHEZ é arquiteta e pesquisadora, interessada em abordagens da arquitetura enquanto sistema cultural. É doutoranda na FAUUSP e pesquisa exposições brasileiras de arquitetura. Em 2021, concluiu mestrado na mesma instituição, com a pesquisa "Diálogos modernos: Lina Bo Bardi e a Caravana Farkas".

LIGIA NOBRE é curadora, pesquisadora e cofundadora d'O grupo inteiro. Seus projetos culturais-ambientais incluem Campos de Invisibilidade, Contracondutas, X Bienal de Arquitetura de São Paulo, exo e Spore Initiative. É doutora em Estética e História da Arte pela USP, e mestre em Teorias de Arquitetura pela AA School of Architecture.

MARA SÁNCHEZ LLORENS é arquiteta e doutora pela Universidade Politécnica de Madrid. Professora na ETSAM-UPM, é especialista em Lina Bo Bardi, assim como em arquitetura e arte latino-americanas. Suas pesquisas incluem a exposição Lina Bo Bardi: Tupi or Not Tupi, projeto pelo qual recebeu o prêmio FAD. Por sua tese, "Objects and Collective Actions of Lina Bo Bardi", recebeu os prêmios Arquia e o da VIII Bienal Iberoamericana de Arquitetura e Urbanismo.

MARIANNA CHARITONIDOU é engenheira arquitetônica, urbanista e paisagista. É pesquisadora visitante no Seeger Center for Hellenic Studies da Universidade Princeton e professora e pesquisadora sênior no Departamento de Teoria e História da Arte da Escola de Belas Artes de Atenas e no Departamento de Arquitetura de Interiores da Universidade da Ática Ocidental. É autora de diversos artigos e livros, entre eles *Architectural Drawings as Investigating Devices: Architecture's Changing Scope in the 20th Century* (Routledge, 2023).

ORGANIZADORES

ISABEL DIEGUES é escritora, editora, tradutora e cineasta. Formada em Letras pela PUC-RJ, organizou as publicações *Adriana Varejão: Entre carnes e mares* (2010), *Pintura Brasileira Séc. XXI* (2011), *Hans Ulrich Obrist: Entrevistas Brasileiras vol. I* (2018) e *vol. II* (2021) e a coleção Dramaturgia (2012-24), com mais de 100 livros de peças de teatro contemporâneas, entre outros. Como escritora, publicou *Diário de uma digressão – Uma viagem ao sertão do Piauí da Serra das Confusões até o mar* (2016) e *Arte Brasileira para Crianças - 100 artistas e atividades para você brincar* (2016) com Mini Kert, Priscila Lopes e Márcia Fortes. Desde 2008, é Diretora Editorial da Cobogó.

JORN KONIJN é doutorando na Universidade de Eindhoven, com tese sobre as exposições de Hannie e Aldo van Eyck. Escritor e curador de arquitetura e design, realizou exposições como o Pavilhão Holandês da Bienal Internacional de Arquitetura de São Paulo (2011); Bienal de Urbanismo e Arquitetura de Hong Kong e Shenzhen (2013); Bienal Brasileira de Design, Florianópolis (2015). Trabalhou em organizações culturais como a Fundação Holandesa para Artes Visuais, Design e Arquitetura, a Fundação Mondriaan e o SICA – Centro Holandês para Atividades Culturais Internacionais, liderando missões do Ministério da Cultura holandês à Índia e ao Brasil. É diretor do Van Eastern Museum, de arquitetura e urbanismo, em Amsterdam.

Ficha com frase de Lina Bo Bardi usada por Aldo van Eyck em suas conferências sobre a arquiteta.

No original:

"Mas o tempo linear é uma invenção do Ocidente, o tempo não é linear, é um maravilhoso emaranhado onde, a qualquer instante, podem ser escolhidos pontos e inventadas soluções, sem começo nem fim."

But linear time is a Western
invention; time is not linear –
it is a marvelous tangle where
at any moment points can be and
and solutions invented
without beginning or end. L.B.B.

LEGENDAS ADICIONAIS

[capa]
Lina Bo Bardi na escada do belvedere do MASP, 1973.

[quarta capa]
Aldo van Eyck no telhado do orfanato Burgerweeshuis, 1960.

[p. 2]
Lina Bo Bardi, 1941

[p. 3]
Aldo van Eyck, data desconhecida.

[p. 4]
Casa de Vidro de Lina Bo Bardi, em São Paulo, foto de 2001.

[p. 5]
Casa de Aldo van Eyck, em Loenen aan de Vecht, foto de 2018.

[p. 6]
Vista da pinacoteca do MASP com os cavaletes de vidro criados por Lina Bo Bardi em 1966-68. Foto da década de 1980.

[p. 7]
Mostra de Joost van Roojen, no Van Abbemuseum, Eindhoven, com projeto expositivo de Aldo van Eyck, 1969.

[p. 8]
Ateliês de artes manuais, Sesc Pompeia, projetado por Lina Bo Bardi, 1977-82.

[p. 9]
Pavilhão Sonsbeek '66, criado por Aldo van Eyck para a 5ª Exposição Internacional de Esculturas, em Arnhem, 1966.

[pp. 20-1]
Da esquerda para a direita: Ricardo Bofill, desconhecido, Aldo van Eyck and Herman Hertzberger, no aeroporto do Rio de Janeiro, junho de 1969.

[pp. 34-5]
Max Risselada, Aldo van Eyck e Marcelo Ferraz na casa de Aldo van Eyck em Loenen van de Vecht, 1995.

[pp. 46-7]
Equipe de reportagem da VPRO, MASP, São Paulo, 1996.

[pp. 60-1]
Hannie e Aldo van Eyck com equipe de reportagem da VPRO, São Paulo, 1996.

[p. 392]
Lina e o seu fifó predileto, 1978.

[p. 393]
Aldo van Eyck, c. 1978.

CRÉDITOS DE IMAGEM

©Arquivo Aldo van Eyck [quarta capa, pp. 3, 5, 7, 9, 17, 20-1, 34-5, 60-1, 69-84, 108, 127-42, 179-194, 223-4, 227-8, 231-2, 235-6, 239, 245-60, 286, 295-6, 303-315, 317-8, 322, 353-4, 357-8, 364-78, 393, 397]

©Instituto Lina Bo e P.M. Bardi/ Casa de Vidro [capa, pp. 2, 4, 89, 90, 96, 100, 147, 200, 203, 215, 265, 269-70, 276, 285, 291, 331, 333-4, 337-8, 392]

©Instituto Lina Bo e P.M. Bardi/ Casa de Vidro/Acervo Marcia Benevento [p. 337]

Acervo do Centro de Pesquisa do Museu de Arte de São Paulo Assis Chateaubriand [pp. 6, 155, 211-2, 273, 292]

Museu de Arte de São Paulo Assis Chateaubriand; doação Instituto Lina Bo e P.M. Bardi, 2006 (MASP.04442) [p. 329]

AetA The Netherlands [pp. 111-2, 115-6, 119-20]

Arquivo da Cidade de Amsterdam [pp. 163-4, 167-8, 171-2, 175, 325-6]

Folhapress [p. 93]

CRÉDITOS FOTOGRÁFICOS

Aldo van Eyck [pp. 69-84, 128-9, 132-3, 135-7, 139-41, 180-1, 183-91, 223-4, 227-8, 231, 235-6, 239, 245-53, 255, 258-60, 303-15, 318, 364-5, 367, 372-77, 397]

A. Guthman [p. 269-70]

Alejandro Campos Uribe [p. 5]

Bob Wolfenson [p. 392]

Diário de São Paulo [capa]

Federico Patellani ©Archivio Federico Patellani - Regione Lombardia/Museo di Fotografia Contemporanea, Milano-Cinisello Balsamo [pp. 207-8]

Hans Gunter Flieg/Acervo Instituto Moreira Salles [p. 211, 276]

Hein de Bouter/MAI [p. 7]

J.J. van der Meyden [quarta capa]

Luiz Hossaka [pp. 6, 273, 329]

M. Gautherot [p. 265]

Marcelo Ferraz [pp. 60-1, 127, 131, 316-7, 368, 378]

Miroslav Javurek [p. 291]

Nelson Kon [p. 4]

P. Gasparini [p. 285]

Paquito [p. 334]

Patrícia Araújo [p. 152]

Patrícia Moribe [pp. 34-5]

Paul Meurs [pp. 46-7, 134, 138, 142, 179, 182, 192-4, 254, 256-7, 363, 366, 369-71]

Violette Cornelius/Nederlands Fotomuseum [p. 108]

AGRADECIMENTOS

Bruno Cezar Mesquita Esteves
Daniel Rangel
Eugenia Gorini
Francesco Perrotta-Bosch
Jenneken Berends
Julyan Michael Wickham
Lorenzo Gemma
Marcelo Ferraz
Max Risselada
Paul Meurs
Renato Anelli
Tess van Eyck Wickham

Instituto Bardi / Casa de Vidro
Museu de Arte de São Paulo (MASP)
Museu de Arte Moderna da Bahia (MAM-BA)

Organizadores
Isabel Diegues
Jorn Konijn

Editora-chefe
Isabel Diegues

Coordenação editorial
Julia Barbosa

Gerente de produção
Melina Bial

Assistente de produção
Priscilla Kern

Tradução
Feiga Fizson
Miguel Del Castillo [pp. 86-104]
Mariângela Guimarães [pp. 46-57]

Revisão de tradução
Mauro Gaspar
Celeste Veiga [pp. 86-104]

Revisão final
Carolina Falcão
Eduardo Carneiro

Projeto gráfico
Haller Brun, Amsterdam

Produção gráfica
Marcia Signorini

Impressão e tratamento de imagem
Ipsis Gráfica e Editora

CIP-BRASIL. CATALOGAÇÃO NA PUBLICAÇÃO SINDICATO NACIONAL DOS EDITORES DE LIVROS, RJ

L715

Lina por Aldo : afinidades no pensamento dos arquitetos Lina Bo Bardi e Aldo van Eyck / organização Isabel Diegues, Jorn Konijn. - 1. ed. - Rio de Janeiro :
Cobogó, 2024.
400 p. ; 11,5x18,2 cm.

ISBN 978-65-5691-156-4

1. Bardi, Lina Bo, 1914-1992. 2. Eyck, Aldo van, 1918-1999. 3. Arte - História - Brasil. 4. Arquitetura - Brasil. I. Diegues, Isabel. II. Konijn, Jorn.

24-94837 CDD: 709.81
CDU: 7(81)

Gabriela Faray Ferreira Lopes - Bibliotecária - CRB-7/6643
25/10/2024 29/10/2024

Este livro foi composto com as fontes New Century Schoolbook e GT America Mono e impresso pela Ipsis Gráfica e Editora sobre papel Munken Polar Rough 120 g (miolo) e Masterblank Linho 270 g (capa).